对外经济贸易大学中央高校基本科研业务费专项资金资助
"一带一路"研究系列著作项目(批准号TS4-15)

| 博士生导师学术文库 |
A Library of Academics by
Ph.D.Supervisors

独联体国家的税收政策及税务风险研究

王素荣 祁振 著

光明日报出版社

图书在版编目（CIP）数据

独联体国家的税收政策及税务风险研究 / 王素荣，祁振著. -- 北京：光明日报出版社，2022.10
ISBN 978-7-5194-6874-3

Ⅰ.①独… Ⅱ.①王…②祁… Ⅲ.①独联体—国家税收—税收政策—研究②独联体—国家税收—税收管理—风险管理—研究 Ⅳ.①F815.123.2

中国版本图书馆 CIP 数据核字（2022）第 199778 号

独联体国家的税收政策及税务风险研究
DULIANTI GUOJIA DE SHUISHOU ZHENGCE JI SHUIWU FENGXIAN YANJIU

著　　者：王素荣　祁　振	
责任编辑：李壬杰	责任校对：李佳莹
封面设计：一站出版网	责任印制：曹　净

出版发行：光明日报出版社
地　　址：北京市西城区永安路 106 号，100050
电　　话：010-63169890（咨询），010-63131930（邮购）
传　　真：010-63131930
网　　址：http：//book.gmw.cn
E － mail：gmrbcbs@ gmw.cn
法律顾问：北京市兰台律师事务所龚柳方律师

印　　刷：三河市华东印刷有限公司
装　　订：三河市华东印刷有限公司
本书如有破损、缺页、装订错误，请与本社联系调换，电话：010-63131930

开　　本：170mm×240mm	
字　　数：168 千字	印　　张：13.5
版　　次：2023 年 1 月第 1 版	印　　次：2023 年 1 月第 1 次印刷
书　　号：ISBN 978-7-5194-6874-3	
定　　价：89.00 元	

版权所有　翻印必究

前　言

本研究是对外经济贸易大学"一带一路"研究系列著作项目（批准号TS4-15）的成果。三部专著成果：《中东欧国家的税收政策及税务风险研究》，《东盟和东北亚国家的税收政策及税务风险研究》，《独联体国家的税收政策及税务风险研究》，其学术价值体现在：

第一，系统地介绍和分析了中东欧16个国家，东盟和东北亚15个国家，独联体9个国家，共计40个"一带一路"沿线国家的流转税政策，所得税政策，其他税收政策和涉外税收政策。填补了国内这方面中文资料的空白。

第二，研究了每一个国家的税收征管制度和反避税制度，进而指出各国的税务风险点及应对税务风险的管理措施，为中国企业管控海外投资税务风险提供理论指导。

三部专著的应用价值在于指导海外投资的中国企业防范税务风险，注重税务筹划，为海外投资的企业防范税务风险提供参考。

独联体国家包括阿塞拜疆、亚美尼亚、摩尔多瓦、白俄罗斯、俄罗斯、吉尔吉斯斯坦、哈萨克斯坦、乌兹别克斯坦和塔吉克斯坦。中国企业对独联体国家的直接投资流量分布不均，主要集中在俄罗斯和哈萨克斯坦。研究独联体国家的税收政策和税务风险，具有一定的现实意义。

第一章，概述。内容包括中国企业投资独联体现状，欧亚经济联盟及其与中国关系等内容。

第二章，BEPS行动计划执行情况及其带来的税务风险。内容包括独联体各国执行BEPS行动计划情况，BEPS行动计划下税务风险及防范等内容。

第三章，欧洲独联体国家的税收政策。内容包括俄罗斯、白俄罗斯、阿塞拜疆、亚美尼亚和摩尔多瓦等5国的税收政策。

第四章，投资欧洲独联体国家的税务风险及其防范。内容包括投资独联体国家的税务风险概述，信息报告风险及防范，纳税申报风险及防范，调查认定风险及防范，税收协定风险及防范，其他风险及防范等内容。

第五章，中亚独联体国家的税收政策。内容包括哈萨克斯坦、乌兹别克斯坦、塔吉克斯坦和吉尔吉斯斯坦等4国的税收政策等内容。

第六章，投资中亚独联体国家的税务风险及其防范。内容包括投资中亚独联体国家的税务风险概述，信息报告风险及防范，纳税申报风险及防范，调查认定风险及防范，税收协定风险及防范，其他风险及防范等内容。

第七章，税务筹划及其税务风险案例。重点分析了投资俄罗斯、白俄罗斯和哈萨克斯坦的税务筹划方法和税务风险问题。

2018年和2019年，我国企业境外投资流量分别为1430.4亿美元和1369.1亿美元，同期中国企业海外纳税分别为594亿美元和560亿美元，海外纳税占投资流量的比例分别为41.5%和40.1%，如果中国企业了解受资国税收政策，进一步规避税务风险，加强税务筹划，降低海外税负一个百分点，就是约14亿美元，折合人民币近100亿元，若降低税负10%，则约为人民币1000亿元。这将是很大的社会效益。

期望这本专著能为投资独联体的中国企业带来经济效益和社会效益。

王素荣　祁振
2022年8月31

目 录
CONTENTS

第一章 概　述 ··· 1
　第一节　中国企业投资独联体现状 ································· 1
　第二节　欧亚经济联盟及其与中国关系 ·························· 10

第二章　BEPS 行动计划执行情况及其带来的税务风险 ······ 12
　第一节　独联体各国执行 BEPS 行动计划情况 ················· 15
　第二节　BEPS 行动下的税务风险 ································ 17
　第三节　BEPS 行动下的税务风险防范 ·························· 22

第三章　欧洲独联体国家的税收政策 ······························ 26
　第一节　俄罗斯的税收政策 ·· 26
　第二节　白俄罗斯的税收政策 ····································· 43
　第三节　阿塞拜疆的税收政策 ····································· 57
　第四节　亚美尼亚的税收政策 ····································· 70
　第五节　摩尔多瓦的税收政策 ····································· 82

1

第四章　投资欧洲独联体国家的税务风险及其防范 …… 96
第一节　投资欧洲独联体国家的税务风险概述 …… 96
第二节　信息报告风险及防范 …… 97
第三节　纳税申报风险及防范 …… 102
第四节　调查认定风险及防范 …… 108
第五节　税收协定风险及防范 …… 111
第六节　其他风险及防范 …… 115

第五章　中亚独联体国家的税收政策 …… 117
第一节　哈萨克斯坦的税收政策 …… 117
第二节　乌兹别克斯坦的税收政策 …… 132
第三节　塔吉克斯坦的税收政策 …… 146
第四节　吉尔吉斯斯坦的税收政策 …… 159

第六章　投资中亚独联体国家的税务风险及其防范 …… 173
第一节　投资中亚独联体国家的税务风险概述 …… 173
第二节　信息报告风险及防范 …… 174
第三节　纳税申报风险及防范 …… 179
第四节　调查认定风险及防范 …… 184
第五节　税收协定相关风险税务及防范 …… 187
第六节　其他风险及防范 …… 191

第七章　税务筹划及其税务风险案例 …… 193
参考资料 …… 206

第一章

概　述

1991年，独立国家联合体（简称"独联体"）成立，有11个创始成员国，即阿塞拜疆、亚美尼亚、摩尔多瓦、白俄罗斯、俄罗斯、乌克兰、吉尔吉斯斯坦、哈萨克斯坦、乌兹别克斯坦、塔吉克斯坦和土库曼斯坦。1993年，格鲁吉亚正式加入独联体，使得独联体拥有12个成员国。2005年，土库曼斯坦宣布了中立国家的政策，故放弃了独联体成员地位。2008年，俄罗斯和格鲁吉亚因为南奥塞梯爆发战争，格鲁吉亚离开了独联体。2014年，乌克兰启动了退出独联体的程序。目前，独联体只有9个成员国，即阿塞拜疆、亚美尼亚、摩尔多瓦、白俄罗斯、俄罗斯、吉尔吉斯斯坦、哈萨克斯坦、乌兹别克斯坦和塔吉克斯坦。

第一节　中国企业投资独联体现状

中国企业对独联体国家的直接投资流量分布不均，主要集中在俄罗斯和吉尔吉斯斯坦。2015—2019年中国对独联体部分国家的直接投资流量情况，如表1-1所示。从表1-1中可以看出，首先，中国对俄罗斯的直接投资流量在独联体国家中比重最大，截至2020年累计投资流量比重达到68.53%。其次，从投资流量总的变化趋势来看，中国对独联体国家的投资流量从2015年至2017年逐年上升，2018年至2020年逐年下降，2019年投资俄罗斯和乌兹别克斯坦的流量为负数，2020年投资哈萨克斯坦、乌兹别克斯坦、塔吉克斯坦和白俄罗斯的流量均为负数。

表1-1　中国对独联体国家直接投资流量情况① 单位：万美元

直接投资流量	2015年	2016年	2017年	2018年	2019年	2020年	流量合计	占比
阿塞拜疆	136	-2466	-20	-105	86	1728	-641	-0.07%
亚美尼亚	-	-	395	1964	-	153	2512	0.26%
白俄罗斯	5421	16094	14272	6773	18175	-815	59920	6.11%
俄罗斯	296086	129307	154842	72524	-37923	57032	671868	68.53%
吉尔吉斯斯坦	15155	15874	12370	10016	21566	25246	100227	10.22%
哈萨克斯坦	-251027	48770	207047	11835	78649	-11529	83745	8.54%
乌兹别克斯坦	12789	17887	-7575	9901	-44583	-3677	-15258	-1.56%
塔吉克斯坦	21931	27241	9501	38824	6961	-26402	78056	7.96%
合计	100491	252707	390832	151732	42931	41736	980429	100.00%

数据来源：2020年度中国对外直接投资统计公报

2015—2019年中国企业对独联体国家的直接投资存量情况，如表1-2所示。从中国企业对独联体国家的直接投资存量看，直接投资额主

---

① 由于无法获得2015—2020年中国对摩尔多瓦的直接投资流量的全部数据，为了保证各年度整体可比性，因此表1-1中仅有独联体9国中的8个国家。

要集中在俄罗斯、哈萨克斯坦和乌兹别克斯坦。2020年年末，三国的投资存量占比分别为47.92%、23.30%和12.96%。对阿塞拜疆、亚美尼亚、摩尔多瓦投资存量合计仅为0.15%，但由于这些国家贸易体量较小，中国仍是它们的重要贸易伙伴[①]。

表1-2 中国对独联体9国直接投资存量情况　　　　单位：万美元

直接投资存量	2015年	2016年	2017年	2018年	2019年	2020年	2020年年末的比重
阿塞拜疆	6370	2842	2799	918	780	2506	0.10%
亚美尼亚	751	751	2996	4961	1289	1225	0.05%
摩尔多瓦	211	387	387	387	387	387	0.02%
白俄罗斯	47589	49793	54841	50378	65180	60728	2.41%
俄罗斯	1401963	1297951	1387160	1420822	1280397	1207089	47.92%
吉尔吉斯斯坦	107059	123782	129938	139308	155003	176733	7.02%
哈萨克斯坦	509546	543227	756145	734108	725413	586937	23.30%
乌兹别克斯坦	88204	105771	94607	368988	324621	326464	12.96%
塔吉克斯坦	90909	116703	161609	194483	194608	156801	6.23%

数据来源：2020年度中国对外直接投资统计公报

一、中阿经贸投资[②]

中阿两国开展经贸合作从无到有，合作的规模也在不断扩大。据阿塞拜疆统计委员会统计，2020年，阿中双边贸易额18.47亿美元，同比下降15.4%，其中阿塞拜疆对中国出口4.33亿美元，同比下降42.4%，自中国进口14.14亿美元，同比下降1.3%。中国是阿塞拜疆第四大贸易伙伴国、第九大出口目的国和第三大进口来源国。据中国海

[①] 这一点可以结合后文中国与独联体国家的经贸投资细述得到印证。
[②] 资料来源http：//www.mofcom.gov.cn/dl/gbdqzn/upload/asaibaijiang.pdf.

关统计，2020年中阿双边贸易额为13.01亿美元，同比下降12.5%。其中，中国对阿塞拜疆出口额为6.18亿美元，同比增长0.3%；自阿塞拜疆进口额为6.83亿美元，同比下降21.5%。

据中国商务部统计，2020年，中国对阿塞拜疆直接投资1728万美元；截至2020年年末，中国对阿塞拜疆直接投资存量2506万美元。在阿塞拜疆的主要中资企业包括中油国际（阿塞拜疆）公司、中国石油长城钻探阿塞拜疆综合项目部、中国石油东方物探有限公司、中国石油技术开发有限公司、四川宏华石油设备公司、山东科瑞石油装备有限公司、华为技术有限公司、四川省机械设备股份有限公司、重庆力帆集团等。此外，还有中国南方航空股份有限公司、中铁十九局集团、中国土木工程集团、中国地质工程集团、新疆贝肯能源工程股份有限公司、远大阿塞拜疆有限公司、环宇国际有限责任公司、浙江集海物流、中国一汽进出口公司等在阿塞拜疆开展各类业务。包括饭店、商铺、货物储存及加工企业等各类小型民营企业和个体商户在阿塞拜疆也有不少投资。

另据中国商务部统计，2020年中国企业在阿塞拜疆新签承包工程合同19份，新签合同额3906万美元，完成营业额1824万美元。累计派出各类劳务人员26人，年末在阿塞拜疆劳务人员9人。

二、中亚经贸投资[①]

2009年起，中国成为亚美尼亚第二大贸易伙伴。据中国海关统计，2020年中国和亚美尼亚双边贸易额9.95亿美元，同比增长31.9%。其中，中国对亚美尼亚出口2.23亿美元，同比下降0.1%，自亚美尼亚进口7.72亿美元，同比增长45.2%。

---

① 资料来源http：//www.mofcom.gov.cn/dl/gbdqzn/upload/yameiniya.pdf.

据中国商务部统计，2020年，中国对亚美尼亚直接投资153万美元，截至2020年年底，中国对亚美尼亚累计投资1225万美元。亚美尼亚累计对中国投资1419万美元。中国在亚美尼亚企业10余家。主要投资企业为浙江海宁金诺贸易公司和新义达有限公司；浙江海宁金诺制衣经营服装厂业务，中方独资，投资额约500万美元；新义达有限公司在亚美尼亚投资建设矿泉水厂，中方全资控股，投资额约500万美元。

另据中国商务部统计，2020年中国企业在亚美尼亚新签承包工程合同1份，新签合同额747.48万美元，完成营业额9907.58万美元。累计派出各类劳务人员60人，年末在亚美尼亚劳务人员80人。目前，在亚美尼亚开展承包工程的中资企业包括中国电建、西电国际、华为、中兴、中国地矿、中国机械设备进出口公司等。中国电建承建的"北—南公路"第三标段项目于2016年6月开工，预计2022年年底完工。西电国际的变电站改造项目稳步推进，2021年年内将完工并交付使用。华为和中兴主要从事通信设备销售和服务。浙江海宁金诺制衣经营服装厂业务。中国地矿公司与捷克卢萨德尔公司签订EPC总承包合同，将在亚美尼亚建设金矿选矿厂，项目建成运营5年后移交业主。中国在亚美尼亚承包工程主要集中在公路、通信、电站领域，这些项目多数为世行、亚行、欧行等国际金融机构或亚政府贷款项目。

三、中摩经贸投资[①]

20世纪90年代，中摩贸易额一直徘徊在100万美元左右。进入21世纪，两国贸易快速增长。据中国海关统计，2020年，双边贸易额达2.06亿美元，同比增加17.1%。其中，中方进口6047.2万美元，同比

---

① 资料来源 http：//www.mofcom.gov.cn/dl/gbdqzn/upload/moerduowa.pdf.

增加 29.2%；中方出口 1.46 亿美元，同比增加 12.7%。据摩尔多瓦国家统计局对外公布的数据，中方为摩方第六大贸易伙伴国、第三大进口来源国和第一大逆差来源国。

据中国商务部统计，截至 2020 年年末，中国对摩尔多瓦直接投资存量 387 万美元。近五年，中国对摩尔多瓦直接投资存量无变化。2020 年中国企业在摩尔多瓦新签承包工程合同 1 份，新签合同额 329.06 万美元，完成营业额 48.38 万美元。累计派出各类劳务人员 8 人，年末在摩尔多瓦劳务人员 0 人。

四、中白经贸投资①

2020 年，中白双边贸易总额 30 亿美元，同比增长 10.7%。其中，中国出口额为 21.1 亿美元，同比增长 17.5%；中国进口额为 8.9 亿美元，同比下降 2.7%。

根据中国商务部统计数据，2020 年，中国对白俄罗斯直接投资流量-0.08 亿美元，截至 2020 年年底，中国对白俄罗斯直接投资存量 6.07 亿美元。2020 年中国企业在白俄罗斯新签承包工程合同 29 份，新签合同额 17.13 亿美元，完成营业额 10.41 亿美元。累计派出各类劳务人员 826 人，年末在白俄罗斯劳务人员 1457 人。

五、中俄经贸投资②

2020 年，中俄贸易增速在中国主要贸易伙伴中排在第一位，中国继续保持俄罗斯第一大贸易伙伴国的地位，俄罗斯是中国第十大贸易伙

---

① 资料来源 http://www.mofcom.gov.cn/dl/gbdqzn/upload/baieluosi.pdf.
② 资料来源 http://www.tradeinvest.cn/information/7847/detail.

伴。统计数据显示，2020年中俄双边贸易额达1077.65亿美元，连续三年突破1000亿美元大关。其中，中国对俄出口505.85亿美元，同比增长1.7%。

中俄两国投资合作不断向前推进。据中国商务部统计，2020年，中国对俄罗斯联邦直接投资流量5.7亿美元。截至2020年年底，中国对俄罗斯联邦直接投资存量120.7亿美元。

另据中国商务部统计，2020年中国企业在俄罗斯联邦新签合同额58.7亿美元，占对欧洲新签合同额的近30%。完成营业额42.65亿美元，中俄东线天然气管道中段启动供气、阿穆尔天然气化工项目开工建设。总额10亿美元的中俄联合科技创新基金启动运营，双方在5G、云服务、智慧出行等领域的合作取得积极进展。

六、中吉经贸投资[①]

中、吉两国自建交起，双边贸易基本保持稳定增长态势，特别是近几年增速明显。据中国海关统计，1992年两国贸易额仅为3549万美元；2008年，双边贸易额达到93.3亿美元。受新冠肺炎疫情影响，2020年以来，中吉贸易额锐减。据中国海关统计，2020年中吉贸易额为29亿美元，同比下降54.29%，其中中方出口28.66亿美元，同比下降54.36%；中方进口3400万美元，同比下降47.34%。中国是吉尔吉斯斯坦第四大贸易伙伴国和第二大进口来源国。

从中国商务部公布的统计数据来看，2020年，中国对吉尔吉斯斯坦直接投资流量为2.52亿美元，截至2020年年末，中国对吉尔吉斯斯坦直接投资存量为17.67亿美元。

---

① 资料来源 http://www.mofcom.gov.cn/dl/gbdqzn/upload/jierjisi.pdf.

另据中国商务部统计，2020年中国企业在吉尔吉斯斯坦新签承包工程合同20份，新签合同额1.53亿美元，完成营业额1.38亿美元。累计派出各类劳务人员371人，年末在吉尔吉斯斯坦劳务人员816人。近年来，中吉产能合作渐增，涵盖钢铁、建材、化工、通信等领域，钢铁领域有中资企业投资设立公司，对废钢进行加工，建材领域有投资生产陶瓷和水泥公司，化工领域有投资炼油公司，通信领域有通信终端设备销售公司等。

七、哈经贸投资[①]

哈萨克斯坦是独联体、欧亚经济联盟、上海合作组织、亚投行、中亚和西亚经济合作组织等地区或国家组织的成员方。据中国海关统计，2020年，中国与哈萨克斯坦双边贸易额为214.3亿美元，较上年下降2.6%。其中，中国对哈萨克斯坦出口117.1亿美元，同比下降8%；自哈萨克斯坦进口97.2亿美元，同比增长4.9%。中方顺差为19.9亿美元，同比下降42.7%。目前，中国是哈萨克斯坦第二大贸易伙伴国，也是哈萨克斯坦第一大出口目的国和第二大进口来源国。

据中国商务部统计，2020年中国对哈萨克斯坦直接投资流量-1.2亿美元；截至2020年年末，中国对哈萨克斯坦各类投资累计58.7亿美元，主要集中在采矿、交通运输等领域。2020年中资企业对哈萨克斯坦工程承包合同额16.3亿美元，完成营业额14.9亿美元。累计派出各类劳务人员1547人次，年末在哈萨克斯坦劳务人员2459人。

---

① 资料来源http://www.mofcom.gov.cn/dl/gbdqzn/upload/hasakesitan.pdf。

八、中乌经贸投资[①]

中国自2016年起成为乌兹别克斯坦第一大贸易伙伴，已连续五年保持乌兹别克斯坦第一大贸易伙伴国地位。据中国海关统计，2020年，中国与乌兹别克斯坦双边贸易额66.29亿美元，同比下降8.1%。其中，中方出口51.5亿美元，增长2.3%；中方进口14.83亿美元，下降32%，中方贸易顺差36.67亿美元。

据中国商务部统计，2020年中国对乌兹别克斯坦直接投资流量-3677万美元；截至2020年，中国对乌兹别克斯坦直接投资存量32.65亿美元。2020年中国企业在乌兹别克斯坦新签承包工程合同39份，新签合同额27.71亿美元，完成营业额9.57亿美元。累计派出各类劳务人员1842人，年末在乌兹别克斯坦劳务人员2991人。

截至2021年5月1日，在乌兹别克斯坦注册的中资企业1867家，主要从事油气勘探开发、天然气管道建设和运营，煤矿、电站、泵站、公路和化工厂建设，铁路电气化与电信网改造，汽车组装、纺织、农业、皮革及陶瓷等业务。油气领域通常以合资公司形式出现，中乌各占股50%；汽车组装为中德乌三方合资，中方占股30%；建材、纺织、农业、陶瓷等领域中方通常占优势股比（50%以上）或独资。

九、中塔经贸投资[②]

据中国海关统计，2020年，中塔贸易额为10.62亿美元，同比减少36.6%。其中，中国出口10.17亿美元，同比减少36.04%；中国进

[①] 资料来源 http://www.mofcom.gov.cn/dl/gbdqzn/upload/wuzibieke.pdf.
[②] 资料来源 http://www.mofcom.gov.cn/dl/gbdqzn/upload/tajikesitan.pdf.

口0.45亿美元，同比减少47.06%。

据中国商务部统计，2020年中国对塔吉克斯坦直接投资流量为-2.64亿美元；截至2020年年末，中国对塔吉克斯坦直接投资存量15.68亿美元。据中国商务部统计，2020年中国企业在塔吉克斯坦新签承包工程合同13份，新签合同额5.09亿美元，完成营业额3.69亿美元。累计派出各类劳务人员533人，年末在塔吉克斯坦劳务人员1116人。

截至2020年，在塔吉克斯坦注册的中资企业300余家，在塔吉克斯坦开展投资合作的企业主要有中石油中塔天然气管道有限公司、中泰新丝路纺织产业有限公司、塔中矿业股份有限公司、中国有色帕鲁特公司、中塔泽拉夫尚有限责任公司、塔铝金业封闭式股份公司、华新水泥有限公司、新疆利华棉业有限公司、特变电工杜尚别矿业公司等，主要涉及农业、矿业、纺织、电信、建材等领域。

第二节 欧亚经济联盟及其与中国关系

欧亚经济联盟，又称"欧亚经济委员会"，成立于2015年，成员国有俄罗斯、哈萨克斯坦、白俄罗斯、吉尔吉斯斯坦和亚美尼亚。五国均是"一带一路"倡议的重要合作伙伴。联盟旨在推行协调一致的经济政策，实现欧亚经济联盟内部商品、服务、资本和劳动力自由流动。具体表现在：联盟批准实施新的《海关法典》，简化海关手续，缩短货物通关时间；消除内部贸易壁垒，统一服务市场，对酒精和烟草统一征收消费税；与各成员国合作，保证法律法规一致性。

2018年，中国与欧亚经济联盟签署了《中国与欧亚经济联盟经贸合作协定》，推动联盟与"丝绸之路经济带"对接合作迈出重要一步。

近年来，欧亚经济联盟成员国把优化营商环境作为发展的关注点和着力点，贸易环境持续向好，加之中国与成员国经济互补性强、贸易合作潜力大，充分助推新疆口岸与欧亚经济联盟成员国贸易发展。欧亚经济联盟中，哈萨克斯坦是新疆口岸外贸的第一大伙伴国。新疆口岸主要进口商品有原油、天然气等；主要出口商品为纺织服装、机电产品和鞋类。

2019年前11个月，新疆口岸以一般贸易方式对欧亚经济联盟进出口1070.4亿元，占同期新疆口岸对欧亚经济联盟贸易总值的54.3%；以边境小额贸易方式进出口808.2亿元，占41%。2020年1月5日，乌鲁木齐海关公布的数据显示，2019年前11个月，新疆口岸对欧亚经济联盟成员国进出口达1971.9亿元，同比增长6.8%。其中，出口1270亿元，增长8.1%；进口701.9亿元，增长4.4%，贸易顺差为568.1亿元，扩大13.2%[①]。另据凤凰财经报道，贵州联合酿酒集团与俄罗斯长江酒类产品进出口有限公司正式合作签约，首批订单开始灌装生产，实现了中国酱香型白酒首次出口以俄罗斯为主的欧亚经济联盟多国。

可以看出，中国与欧亚经济联盟贸易频繁，贸易额稳步增长，具有较大潜力和发展前景。同时，中国新疆地区由于地理距离与欧亚经济联盟中某些国家较近，加之新疆地区具有丰富的资源，与欧亚经济联盟等国贸易频繁，贸易量逐渐增加。因此，欧亚经济联盟从政治和经济上，是中国重要的贸易伙伴。

---

① 新疆口岸对欧亚经济联盟贸易稳步增长［EB/OL］. 人民网，2020-01-06.

第二章

BEPS行动计划执行情况及其带来的税务风险

BEPS（税基侵蚀与利润转移）行动计划是由二十国集团（G20）领导人背书并委托经济合作与发展组织（OECD）推进的国际税改项目，旨在修改国际税收规则、遏制跨国企业规避全球纳税义务、侵蚀各国税基的行为。OECD于2015年10月5日发布BEPS行动计划的最终报告，其中包括15项行动计划报告和一份解释性声明。BEPS的每一项行动计划都是针对现行规则或法规中的薄弱环节，就国际规则和各国国内立法的调整提出建议，以便各国协调一致地全面应对"税基侵蚀和利润转移"问题。截至2020年年末，已有135个以上的国家或地区在实施BEPS行动计划，其中90多个国家或地区签署了BEPS行动计划书。表2-1对BEPS行动计划进行了内容总结。

表2-1 BEPS 15项行动计划

项目		内容简介
BEPS 1	应对数字经济税收挑战	根据数字经济下的商业模式特点，重新审视现行税制、税收协定和转让定价规则存在的问题，并就国内立法和国际规则的调整提出建议。
BEPS 2	消除混合错配安排的影响	针对利用两国或多国间税制差异，获取双重或多重不征税结果的税收筹划模式，就国内立法和国际规则的调整提出建议。

续表

项目		内容简介
BEPS 3	受控外国公司规则	就如何强化受控外国公司税收规则、防止利润滞留或转移境外提出政策建议。
BEPS 4	限制涉及利息扣除的税基侵蚀	针对利用利息支出和金融工具交易避税的问题,就国内立法和国际规则的调整提出建议。此项工作将与混合错配和受控外国公司规则两项行动计划相协调。
BEPS 5	有害的税收实践	审议 OECD 成员国和非成员国的优惠税制,推动各国改变或废除"有害"所得税优惠制度,并提出解决有害税收竞争问题的建议。
BEPS 6	防止滥用税收协定	针对各种滥用协定待遇的现象,对税收协定进行修补和明确,同时辅以必要的国内法修订,防止税收协定滥用。
BEPS 7	防止人为规避构成常设机构	修订税收协定的常设机构定义,应对规避常设机构构成的行为。
BEPS 8~10	合称为"转让定价规则"	制定规则,应对集团内部和关联企业间通过无形资产、风险和资本人为分配将利润转移至低税地区的避税行为。
BEPS 11	BEPS 数据分析	构建针对 BEPS 行为的数据收集体系和分析指标体系,设计监控及预警指标,开展分析研究以估算 BEPS 行为的规模和经济影响。
BEPS 12	强制披露规则	帮助各国设计税收筹划方案披露机制,加强税务机关对税收风险的监管和防控。
BEPS 13	国别报告	在考虑遵从成本的基础上,制定转让定价同期资料通用模板,提高税收透明度并减轻纳税人的负担。

续表

项目		内容简介
BEPS 14	相互协商程序	目前大部分双边税收协定还不包括仲裁条款，还有部分国家对纳税人申请互相协商程序有限定性规定，针对这种情况，该行动计划旨在建立更加安全有效的争端解决机制，切实为跨境投资者避免双重征税。
BEPS 15	多边工具	为快速落实行动计划成果，研究制定多边"硬法"，对现行协定条款进行修订和完善。

BEPS 15 项行动计划根据约束性强弱分为三个标准：最低标准（Agreed minimum standards）、强化标准（Reinforced international standards）和最佳实践（Best practices）。

最低标准的行动约束力最强，OECD 及 G20 成员一致承诺落实的行动计划包括 BEPS 6、BEPS 13 和 BEPS 14 行动计划。针对某些国家对税基侵蚀和利润转移问题的治理不力，可能侵害其他国家利益，参与国协商制定了最低标准，并就择协避税、争议解决和有害税收实践标准的应用及国别报告等最低标准接受针对性监督；强化标准包括 BEPS 7、BEPS 8~10 行动计划，但参与国对上述行动计划并未达成统一标准，各国可有选择地执行；最佳实践包括 BEPS 2、BEPS 3、BEPS 4 和 BEPS 12 行动计划，参与国可自由评估各项行动计划中最合适本国当期税制和税务竞争力战略的实施措施，并从中做出选择。最佳实践仅作为推荐使用，约束力相对较低。但随着各国实施措施逐步趋同，OECD 将考虑将最佳实践逐步列入最低标准中去。

第一节 独联体各国执行 BEPS 行动计划情况

表 2-2 归纳总结了截至 2021 年 1 月，阿塞拜疆、亚美尼亚、摩尔多瓦、白俄罗斯、俄罗斯、吉尔吉斯斯坦、哈萨克斯坦、乌兹别克斯坦和塔吉克斯坦等 9 国参与 BEPS 行动计划的基本情况。

表 2-2 独联体国家 BEPS 行动计划参与和执行情况汇总表

编号	BEPS 行动计划	阿塞拜疆①	亚美尼亚	摩尔多瓦	白俄罗斯	俄罗斯	吉尔吉斯斯坦	哈萨克斯坦	乌兹别克斯坦	塔吉克斯坦
	是否加入 BEPS 包容性框架	×	√	×	√	√	×	√	×	×
1	应对数字经济税收挑战					√				
2	消除混合错配安排的影响									
3	受控外国公司规则					√				
4	限制涉及利息扣除的税基侵蚀					√				
5	有害的税收实践		√		√	√		√		
6	防止滥用税收协定		√		√	√		√		
7	防止人为规避构成常设机构									

① 阿塞拜疆未加入 BEPS 行动计划，但签订并激活了 BEPS 13 中的国别报告计划（Country-by-Country Reporting）。

续表

	BEPS 行动计划	阿塞拜疆①	亚美尼亚	摩尔多瓦	白俄罗斯	俄罗斯	吉尔吉斯斯坦	哈萨克斯坦	乌兹别克斯坦	塔吉克斯坦
8	无形资产的转让定价									
9	风险和资本的转让定价									
10	其他高风险领域交易的转让定价									
11	BEPS 数据分析					√				
12	强制披露规则					√				
13	国别报告	√	√		√	√		√		
14	相互协商程序		√		√	√				
15	多边工具		○②			√		√		

注：资料来源 https：//www.oecd.org/tax/beps/

从表 2-2 中结果可以看出，截至 2021 年，独联体国家中，亚美尼亚、白俄罗斯、俄罗斯和哈萨克斯坦等 4 个国家已经签署 BEPS 行动计划，阿塞拜疆、摩尔多瓦、吉尔吉斯斯坦、乌兹别克斯坦和塔吉克斯坦等 5 个国家没有加入 BEPS 行动计划。目前，俄罗斯执行的 BEPS 行动计划较多。参加 BEPS 行动计划的独联体 4 国中，各国均已执行 BEPS 5 有害的税收实践、BEPS 6 防止滥用税收协定、BEPS 13 国别报告以及 BEPS 14 相互协商程序。这四项行动的执行，加之 BEPS 行动计划其他

---

① 阿塞拜疆未加入 BEPS 行动计划，但签订并激活了 BEPS 13 中的国别报告计划（Country-by-Country Reporting）。
② 亚美尼亚签署但尚未执行 BEPS 15，因此 BEPS 15 一行，亚美尼亚一列中用"○"表示。

项目的进一步推进,将会很大程度增加海外投资企业税务筹划难度,增加海外投资企业的税务风险。

第二节 BEPS 行动下的税务风险

BEPS 行动的 15 项行动计划,可以分为五大类别:应对数字经济税收挑战(BEPS 1)、多边工具(BEPS 15)、协调各国所得税税制(包括 BEPS 2、3、4、5)、重塑现行转让定价规则(包括 BEPS 6、7、8、9、10)以及提高税收透明度(包括 BEPS 11、12、13、14)。这五类 BEPS 行动计划的实行,会对中国企业海外投资产生持续影响,主要体现在以下五个方面:

一、纳税人面临更多的税收法规和税收环境变化

中国海外投资企业的全球税务管理水平面临着更严格的合规性要求和税收环境变化的挑战。BEPS 行动计划对全球税务体系有着广泛影响,随着经济全球化不断加深,监管环境变化迅速,各国税务机关对税务风险的关注日益增加。中国企业对外直接投资可能目前仍符合当下的税法规定,但需要不断紧密关注税务环境变化和合规性要求,及时了解相关变化带来的税务风险。合规性成本提高,需要更多的资源来管理税务风险与税收争议。

BEPS 行动计划给现有税收征管体系和双边税收协定带来了深刻、广泛的影响。BEPS 行动计划中,BEPS 2、BEPS 6、BEPS 7、BEPS 14 和 BEPS 15 等 5 项行动计划均与税收协定有关。此外,BEPS 3、BEPS 4、BEPS 5、BEPS 6 要求企业重点关注并购或项目实施的后续管理,以

确保其具有商业实质。BEPS 14 的两个国际税务争议解决机制：相互协商程序和预约定价安排。主要致力于提升税务争议解决机制的效力和效率，以此减少不确定性和双重征税的风险，通过改善税务争议解决机制，为跨国公司的税收争议处理提供便利。鉴于 BEPS 行动计划正不断地更新和补充完善，国际税收环境和税收法规不断变化，使得中国海外投资企业面临着更多的税收风险。

二、信息披露要求提高，税收环境更为严格

BEPS 12 建议各国引入强制披露规则，BEPS 13 提出了更严格的信息透明化及申报要求。基于 BEPS 行动计划的建议，各国将提高信息披露的要求。在 BEPS 环境下，中国海外投资企业将在规定的时间内完成信息搜集和文档准备；各国通过税收情报交换机制，境外子公司所在地的税务机关可通过情报交换获得企业的完整信息。纳税人需要提供更多的信息，知识产权相关的交易将受到更为详细和严格的审查。

2016 年 6 月，中国作为最早响应 BEPS 13 行动计划的国家之一，发布了《关于完善关联申报和同期资料管理有关事项》（国家税务总局公告 2016 年第 42 号），引入了"国别报告/主体文档/本地文档"的转让定价同期资料三层文档结构，并要求企业在规定时间内准备完毕和提供。美国、英国、日本、韩国等世界主要经济体均已将 BEPS 13 转化为国内税收法律，中国海外投资企业将根据东道国的要求准备文档；依据税收情报机制，中国海外投资企业还要确保文档内容在全球范围内保持一致性，避免因信息不一致受到处罚。在有些国家未提供国别报告将缴纳罚款，甚至一些国家（如荷兰）认为未提供国别报告是违法行为。新的信息披露要求使得税收环境更为严格，进一步增加企业走出去的合规性成本。

三、双边税收协定网络更加完善，追求"双重不征税"的税务风险加大

跨国企业往往利用双边税收协定来达到双重不征税的目的。首先，税收协定在分配税权时，采用的是限制来源国征税权。在此情况下，居民国有可能获取独家征税权，但居民国可能对跨国企业的某些收入不征税，导致该收入在居民国和来源国均不征税。其次，税收协定可能规定居民国采取免税法来避免双重征税，即居民纳税人从来源国取得收入在居民国免税，如果该收入在来源国不征税，也会导致双重不征税问题。

随着国际税收合作进一步深化，双边税收协定网络更加完善，利用"居民身份认定"漏洞，追求"双重不征税"的税务风险加大。跨国企业常利用税收协定的经济主体身份认定、双重居民身份认定等漏洞，来规避纳税，实现"双重不征税"的目的。《实施税收协定相关措施以防止税基侵蚀和利润转移（BEPS）的多边公约》（以下简称《多边公约》）第6条，赋予了双边税收协定一个新目的——防止双重不征税。该条款主要是落实 BEPS 6 的主要内容。截至 2020 年 5 月，已有 94 个国家或地区签署了 BEPS 多边公约，《多边公约》已于 2018 年年底或 2019 年年初在部分国家正式生效。截至 2020 年 4 月，中国已对外正式签署 107 个避免双重征税协定，其中 101 个避免双重征税协定已经正式生效。税收协定、安排或协议覆盖范围广，《多边公约》更新了现有的税收协定网络，能有效弥补税收协定漏洞，减少"双重不征税"现象。

《多边公约》约定，经济主体的认定以居民国为准，居民国认定为实体的，在收入来源国也应认定为实体；如果居民国认定为税收透明体的，收入来源国也应遵从其认定，以此来防止"双重不征税"。同时，为防止双重征税，如果收入来源国对所得不征税，居民国也不应征税，

如果收入来源国对所得部分征税或允许税前抵扣，居民国可相应抵免；如果来源国对部分所得免税，居民国相应计算抵免额度。

BEPS行动计划以上措施，能有效应对税收透明实体、双重居民实体，使用免税法能够消除与双重征税有关的税收协定问题并对其加以约束，使得跨国企业追求的"双重不征税"空间变小；跨国企业在追求避税时，必须在税务风险和收益之间进行权衡。税收协定/安排的适用性将设定更多的限制，避税交易受到更为严格的监管，通过税收协定漏洞进行避税的风险进一步加大。

四、税务筹划面临更大的税务风险

BEPS 4旨在限制境外融资费用的税前抵扣、BEPS 5提出了打击有害税收实践行动、BEPS 12建议引入强制披露规则、BEPS 7降低了判定构成常设机构的门槛，BEPS行动计划的一系列新规，使得税务筹划空间减小，中国海外投资企业面临的税务筹划风险加大。

BEPS 4在防止利用利息支出和金融工具交易避税方面提出了政策建议，以限制集团内融资利息的不当扣除。BEPS 4提出了"固定扣除率""集团扣除率规则"以及"特殊扣除规则"。BEPS 4的建议具有通用性，各国很可能会引入国内法规，从而对集团企业的利息费用税前扣除产生影响，英国和德国已经率先制定了相关法规。BEPS 5识别出6类可能导致BEPS的裁定，并要求与相关国家进行税收情报交换，进一步提升各国税务机关之间的信息透明度，对跨国企业利用信息不对称进行激进的税务筹划形成了较大威慑。BEPS 12建议各国引入强制性披露规则，要求纳税人和税务筹划代理人向税务机关披露其潜在的税务筹划安排，税务机关可在重大税收流失之前引入相应的法规以堵塞漏洞。BEPS 12属于最佳实践范畴，不强制要求各国实行，但美国、英国、巴西、加拿大、爱尔兰、澳大利亚和南非等国家已经引入了强制性披露规则，还有不少国家表示将把强制披露规则纳入立法进程。BEPS 7 对常设机构的定义进行了修改，以更好地反映商业实质，防止人为规避常设机构原则进行避税。境外经济活动构成常设机构判定标准提升，中国海外投资企业在东道国构成常设机构的风险将增加。此外，BEPS 多边公约还加入了反功能拆分和反合同拆分相关条款，防止外国企业通过对其整体业务的拆分以规避构成常设机构的行为。

五、数字经济背景下的税务风险

数字经济下产生的"无国籍收入"，以及选择在低税率国家注册公司规避或递延纳税的行为，在 BEPS 行动计划下，将逐渐减少或杜绝。

在数字经济下，由于应税收入与产生该应税收入的业务活动在征税上产生脱节，或在增值层面，向免税业务或从事免税业务的跨国企业提供远程数字服务，会造成不缴或缴少量的增值税，都会产生 BEPS 问题。数字经济及其商业模式的特殊性会加剧 BEPS 产生的风险，为应对以上风险，BEPS 1 应运而生；此外，BEPS 行动计划中的转让定价、常设机构等规定都可以处理因数字经济引起的 BEPS 问题。转让定价及相关税收争议日趋复杂化，BEPS 8~10 对转让定价进行了明确的定义，在无形资产、风险和高风险交易三大领域提出进一步完善"独立交易原则"。基于 BEPS 8~10 的建议，各国对转让定价合规监管将更为严格，中国海外投资企业可能会面临双重征税或多重征税的风险。

部分中国海外投资企业选择在境外低税率地区注册，以达到递延或规避纳税的目的。BEPS 3 对受控的外国企业规则进行了进一步强化，从构成要素、所得认定、境外税收抵免等提出建议，以防止纳税人将利润转移至在低税率国家注册的受控外国企业从而递延或规避征收所得税。中国采取了 BEPS 行动计划中的部分最佳实践建议，对受控外国企业规定进行了修订，通过一系列测试（如控制测试、实际税负测试、安全港测试、利润性质测试）以判定境外子公司是否属于受控外国企业，如果属于受控外国企业则需将属于中国母公司的利润计入当期收入缴纳中国企业所得税。在新的受控外国企业规定下，要求纳税人自行评估其受控外国企业风险并进行纳税。

第三节 BEPS 行动下的税务风险防范

面对 BEPS 行动给企业带来的税务风险，基本原则是：首先，中国海外投资企业应该充分了解学习最新的 BEPS 行动计划要求，结合自身业务结构、经营特点进行自查，评估企业海外经营投资的税务风险，做好企业集团税务风险管理。其次，面对各国复杂不一致的税制，中国企业应该构建属于自己的海外税务团队或聘请专业税务团队，将税务风险管控融入企业日常经营中，应着重从事前对税务风险进行评估应对，而不是花费大量人力和财力，在风险发生后进行弥补。最后，中国企业应该向欧美的先进企业学习，积极与投资所在国税务机关联系，构建具有自身特色的税务管理体系，摒弃过时的税务管理模式。具体的防范措施有以下五个方面：

一、持续关注 BEPS 行动计划实施，评估好潜在税务风险

BEPS 行动计划正在不断地更新和补充，中国海外投资企业应持续关注各国 BEPS 行动计划实施，做好对自身整体税务管理的评估，评估潜在的税务风险，提升企业自身税务管理能力。

中国海外投资企业应充分掌握东道国的税制、优惠政策以及BEPS行动计划实施动态，综合比较与中国的税制差别，充分了解东道国的税务合规性要求；针对潜在税务风险点，做好税收风险防控，将税收成本降至最低。通过对自身整体税务管理的评估，走出去企业能够发现增强合规性管理的空间，提高企业的税务管理能力。企业在进行相关交易前，应持续关注BEPS行动计划更新和实施动态，结合东道国的投资环境、税制变化，进行税务风险评估；对自身交易进行重新规划和筹划，以达到在降低税务风险的同时，降低企业税负。

二、结合BEPS行动计划新变化，做好跨境税收筹划

后BEPS时代，面对BEPS行动计划带来的税收环境的变化，跨国企业为追求利润最大化，依然会通过合理的税务筹划，尽全力降低总体税收成本；而税务主管部门将根据BEPS行动计划不断弥补避税漏洞；跨国企业和税务主管部门的博弈不可避免。G20针对现行国际税收规则的缺陷，进行持续和系统的修订、弥补和完善，不同国家落实BEPS行动计划的程度和范围也参差不齐。在此环境下，中国海外投资企业的跨境税务筹划，应结合BEPS行动计划新变化，充分利用常设机构、无形资产、转让定价、资本弱化等规定，合法合理地开展税务筹划工作。

BEPS和多边税收条约的签订，能有效地弥补税收漏洞，减少跨国企业的避税空间；这使得税务筹划风险进一步增加。因此，中国企业应充分熟悉BEPS和多边税收条约协定的内容及变化，依法合规地开展税务筹划。中国海外投资企业还需要防范过度税务筹划引起的避税调查风险，中国海外投资企业应适度进行税务筹划，不能一味追求低税负进行盲目避税。

三、建立海外税务团队，强化海外税收风险应对能力

基于 BEPS 行动计划带来的全球反避税新变化，中国海外投资企业应强化全员税务风险意识，提升海外税务风险应对能力。企业可建立专业的海外税务团队，聘请拥有不同税务专业背景的人才，且他们必须具备熟知跨国税务知识的能力和拥有良好语言沟通能力，持续关注 BEPS 行动计划和东道国税务发展变化情况；使得海外投资企业具备良好的自身税务管理评估能力和税务风险应对能力。依托专业的海外税务团队，可对企业员工进行整体培训，提升企业全员税务风险意识；提升企业合规性管理的空间，提前做好税务风险应对措施，减少海外涉税风险。

中国企业应尽快招募和培养内部的海外税务管理团队，这将有利于企业在海外税务管理中处于主动的位置。

四、提升集团税务管理水平，合法合规履行纳税义务

中国走出去企业可以从加强税务管理的工作流程和集团成员管理两方面建立全面的税务管理体系。集团内部各部门应建立涉税风险联动机制，提升企业内部涉税信息沟通效率，提高同一集团在不同东道国、不同业务、不同发展阶段的综合税务管理水平。集团企业还应完善内部控制制度与税务风险管控体系的构建，将税务风险降到最低。在后 BEPS 时期，可根据中国与所投资国的政治商业环境，从内部的战略、运营、管控角度结合外部的法律、经济以及产业环境，选择其适用的税务管理模式，以实现合法合规履行纳税义务。中国走出去企业在建立健全的税务管理工作模式后，还可以进一步着手借鉴先进跨国公司的经验，建立全球纳税管理信息申报体系。

五、与东道国税务部门保持良好沟通，降低海外税务风险

BEPS 行动计划实施后，不同东道国实施阶段和范围参差不齐，特别是很多发展中国家，税制及相关税法规定不健全、不完善、不透明，当地税务机关有很大的自由裁量权，存在随意执法现象，增加了中国海外投资企业的税务风险。中国海外投资企业应主动加强与东道国税务部门的沟通，及时了解涉税事项的相关规定及征管程序。在理解东道国税制及法规时，应提高税收法规语言翻译的专业准确度，避免因翻译不准确导致理解偏差，进而增加税务风险。为了解和求证税收法规的真正意图，企业要积极与东道国制定税务政策和法规的权威机构进行沟通和求证。为避免企业再与税务机关产生税务争议，企业可在适当条件下积极申请预约定价机制、事先裁定机制，加强税收风险控制。企业还应提前研究法院对税务争议案件的判例，以更准确地把握当地税收法规是如何具体执行的，降低海外税务风险。

第三章

欧洲独联体国家的税收政策

欧洲的独联体国家包括俄罗斯、白俄罗斯、阿塞拜疆、亚美尼亚和摩尔多瓦等5个国家。

第一节 俄罗斯的税收政策

俄罗斯（Russia）实行联邦和地方两级课税，税收立法权和征收权主要集中于联邦。俄罗斯联邦税主要有企业所得税、个人所得税、增值税、关税、矿产资源开采税、社会保障税等。地方税主要有消费税、财产税、交通运输税、遗产税等。俄罗斯对居民企业以及外币交易有一定的外汇管制，但向非居民实体汇回利润不受管制。居民和非居民均可持有任何币种的外汇账户。俄罗斯法定货币为卢布（RUB）。

一、俄罗斯的流转税政策

俄罗斯的流转税政策，这里主要介绍俄罗斯的增值税政策、消费税政策和关税政策。

(一) 俄罗斯的增值税政策

1. 增值税的税率

俄罗斯的增值税税率有三档：标准税率 20%、低税率 10%、零税率。除非有规定指明某商品或劳务适用低税率、零税率或免税，否则所有应税商品与服务应适用 20% 的标准税率。

电子服务按 16.67% 征税；基础食品、某些儿童用品、医疗用品按 10% 征税；零税率适用于包括物流服务在内的货物和相关服务的出口；国际货运代理服务；向外交人员提供的用品；外国客运服务；俄罗斯铁路承运人从事的工作服务（涉及从俄罗斯联邦境内出口的货物运输，以及将俄罗斯联邦海关境内的加工产品运出俄罗斯联邦关境。上述项目中提到的运输或与运输有关的工程服务）；销售从大陆架、专属经济区和里海（归属俄罗斯部分）开采的碳氢化合物原料到俄罗斯以外的目的地；出口货物仓储以便进一步用于从近海碳氢化合物矿床开采碳氢化合物和一些相关的运输服务等。

"免征物资"是指提供不需要缴纳增值税且不符合进项税额抵扣条件的商品和服务。主要包括发放贷款的金融服务；防范企业或政治风险而提供出口信贷和投资的保险；共同保险和再保险服务；适用互惠安排的公共交通、医疗服务；将办公场所和房屋出租给外国实体认可的代表处；出售房屋、住宅和其中的股份；根据许可协议提供软件和软件使用权；开发商根据共有建设协议为住宅建设提供的服务（开发商为生产需要建设物品提供的服务除外）、持牌机构提供的各种金融服务；某些进口商品等。

2. 增值税计税的主要内容

增值税的征收对象是在俄罗斯境内销售商品和服务以及进口到俄罗斯联邦的商品。增值税销项税的计税基础是销售价格。应交增值税是用销项税额抵减进项税额后的余额。一般而言，增值税纳税人是指在商业活动中在俄罗斯联邦领土及其管辖的其他领土上提供应税货物（工程和服务）或财产权，或向俄罗斯联邦领土及其管辖的其他领土输送货物的任何个人企业家或法律实体（包括外国法律实体）。

增值税征税范围：纳税人在俄罗斯联邦领土及其管辖的其他领土提供货物（工程和服务）；纳税人转让财产权的行为；自用工程的建筑、安装和组装活动；向俄罗斯联邦领土及其管辖下的其他领土进口货物。

一般来说，在俄罗斯联邦境内供应的货物（工程和服务）属于俄罗斯增值税的范围。下列货物被视为在俄罗斯联邦境内供应：位于俄罗斯联邦及其管辖下的其他领土上的货物，但不装运或运输；装运或运输开始时位于俄罗斯联邦及其管辖下的其他领土上的货物。

纳税人可以用进项税抵扣，进项税是为从事增值税范围内的活动而购买的商品（工程和服务）和产权收取的税款。自 2019 年 7 月 1 日起，一般规则的例外情况开始生效。具体来说，纳税人有权根据适用的供应地规则，抵扣用于提供服务的货物的进项税额，即使这些货物不被视为在俄罗斯联邦提供。对出口服务购买者的业务部门或地点没有限制。

纳税人通常通过从销项税中减去进项税来抵扣进项税，销项税是对所供应物品收取的增值税。进项税包括对在俄罗斯联邦境内购买的货物（工程和服务）和产权征收的增值税，进口货物支付的增值税，以及买方作为税务代理人从外国法人实体购买货物（工程和服务）时向俄罗斯预算支付的增值税。

在收到货物（工程和服务）或产权，并从供应商处获得增值税发票后，可以抵扣增值税。同样的程序适用于建筑业（包括纳税人自用的建筑业）和创造无形资产所发生的增值税。对于预付给供应商的款项，买方可以抵扣该预付款项的增值税（在买方收到相关货物之前）。

抵扣的增值税额必须在按照俄罗斯增值税法规定开具的增值税发票上单独注明。

不可抵扣的进项税额。购买的货物（工程和服务）和产权如果不用于增值税范围内的供应（例如，企业家购买的私人使用的货物），则不能抵扣进项税，但在俄罗斯联邦境外提供服务和不属于豁免交易清单的情况除外。此外，对于一些营业费用（限制利润税扣除的费用），不能全部抵扣。不能扣除进项税的项目，如购买、租赁车辆及车辆燃料、汽车维修、商务娱乐和旅行、会议、广告、酒店住宿、移动电话费用等。

3. 增值税税收征管

所有纳税人都要进行税务登记。一般来说，不允许单独进行增值税登记。只有提供电子服务的外国法律实体才允许单独进行增值税登记。

俄罗斯联邦不适用增值税登记最低限额。但是，法人实体或个体企业家可以免除与增值税的计算和支付有关的义务。如果在最近三个连续的日历月中，商品和服务销售收入合计不超过200万卢布，可以免税。在向税务机关提交特别通知和权利证明文件后，可免于缴纳增值税。获得豁免的法律实体或个体工商户不需要征收增值税或提交增值税申报表，但其采购进项税抵扣受到限制。

适用简易税制或开展应统一征收推算收入税活动的私营企业家和法人单位也有免征增值税缴纳义务，但在海关缴纳增值税和在反向收费机制下作为税务代理人应缴纳的增值税除外。

俄罗斯增值税法不允许进行增值税集团注册。关系密切的法人实体必须单独进行增值税登记。外国法人实体或非成立企业可能需要在俄罗斯联邦进行税务登记。

在俄罗斯联邦，只允许提供电子服务的外国法人实体单独进行增值税登记。对于其他外国法律实体，如果外国法律实体通过分支机构、代表或任何其他独立的分支机构在俄罗斯开展活动，则有义务向俄罗斯税务机关登记。如果外国法律实体通过分支机构或代表处在俄罗斯开展活动，则必须为其分支机构或代表处申请认证。如果外国公司在俄罗斯联邦拥有不动产或运输车辆，或在俄罗斯银行开立银行账户，也有注册的义务。

如果外国法律实体没有进行税务登记，则商品或服务的买方须作为税务代理，并扣留应缴增值税。未在俄罗斯注册的外国法人实体无权抵扣任何进项税。在进行税务登记时，外国法人实体必须作为增值税一般纳税人，如果符合法定所述的增值税返还条件，则可抵扣在俄罗斯发生的进项税。

代扣代缴增值税适用于外国法人实体向俄罗斯法人实体或个体工商户提供货物、工程和服务的付款。在逆向收费的情况下，代扣代缴增值税的责任由作为税务代理的收货方承担。代扣代缴（逆向收费）适用于以下情况：外国法律实体未在俄罗斯联邦注册为纳税人；货物和服务的供应地是俄罗斯联邦。在俄罗斯联邦，反向收费的增值税被视为预提税。实践中，俄罗斯法人与外国法人签订的合同通常包含"加总"条款，以确保向外国法人支付的净额不因在俄罗斯联邦应缴纳的增值税而减少，并等于所供货物（工程和服务）的约定合同价格。

登记程序。外国组织经认可的分支机构或代表处的税务登记由税务机关根据经认可的分支机构、代表处登记处的相关数据进行。认可程序至少需要25个工作日才能完成。

外国组织在5个工作日内收到税务登记通知。外国组织必须在俄罗斯联邦的活动开始后的30个日历日内提出申请，以注册既不是分支机构也不是代表处的其独立的分支机构。申请书的格式由联邦税务局规定。申请书应由该组织的授权代表根据授权书提交。在提交上述申请的同时，外国组织还必须提交以下文件：组织章程文件；外国法律实体登记册摘录，确认外国组织创始人的法律地位；确认外国法律实体在其税务机关登记的申请；确认外国法律实体授权机构决定注册分支机构的文件和设立分支机构的文件（如果在俄罗斯联邦没有设立分支机构，则确认外国法律实体在俄罗斯联邦开展活动的合同）。

撤销注册。在外国组织的分支机构、代表处或其他独立的分支机构终止活动或关闭的情况下，将进行注销登记。分支机构或代表处的注销由税务机关根据经认可的分支机构、代表处的相关数据进行。税务机关根据纳税人提交的申请，对外国组织的独立分机构进行注销登记。税务机关在收到申请后10个工作日内进行撤销登记。

处罚。纳税人如果违反税法规定的时限且未向税务机关提出登记申请的，将被处以1万卢布的罚款。组织或私人企业家未按税法规定的理由向税务机关登记而开展活动，将被处以相当于在此期间因该活动而获得的收入的10%的罚款，但不少于4万卢布。

根据迟报时间长短，处以少缴税款5%至30%的罚款；不缴或部分缴税，处以少缴税款20%的罚款；故意不缴或部分缴税，处以少缴税款40%的罚款。在一个纳税期内严重违反收入和费用会计准则，罚款1万卢布；在一个以上纳税期内严重违反会计条例和纳税对象，罚款3万卢布；严重违反会计条例和纳税对象导致少报税基，罚款少缴税款的20%，但不低于4万卢布。对"故意或过失从事经营活动，造成欺诈国家的行为"，可对公司人员处以行政和刑事处罚。

（二）消费税政策

消费税一般是由应税商品的生产者在国内供应时缴纳的。消费税也对进口的应税商品征收。出口的应税商品一般免征消费税。应税品包括汽车、烟草、酒精和某些石油产品。有关部门为每类应征品制定了特别的消费税税率。消费税的税率一般有两种形式：一种是比例税率；另一种是定额税率，即单位税额。消费税定额税率一般将根据商品消费价格的实际变化，于每年年初进行调整，但也有在年中进行调整的情形，处于不断变化之中。这些税率差别很大，是根据各种因素确定的。

（三）关税政策

进口到俄罗斯联邦的货物需要缴纳关税。税率取决于资产类型和原产国（一般为海关价值的0%~20%）。对外国投资的俄罗斯企业的特许资本中符合条件的货物可特别减免关税。

俄罗斯于2012年加入世界贸易组织（WTO）。俄罗斯也是欧亚经济联盟的成员（与白俄罗斯、哈萨克斯坦、亚美尼亚和吉尔吉斯斯坦一起）。该联盟拥有单一的关税领土，成员国之间的销售免于办理清关手续。欧亚经济联盟成员国实行统一的关税和海关估价方法。

跨越俄罗斯联邦海关边境运输的货物须缴纳统一的海关手续费。费用取决于运输货物的海关价值，但该费用通常不高。

二、俄罗斯的所得税政策

（一）俄罗斯的企业所得税政策

俄罗斯企业所得税纳税人包括：俄罗斯企业；在俄罗斯联邦通过常设机构经营或有来源于俄罗斯联邦收入的外国企业；被认为是俄罗斯联邦税务居民的外国企业视为俄罗斯企业；俄罗斯居民企业指依照俄罗斯法律注册成立的企业，居民企业需要对来源于俄罗斯境内外的全部所得纳税，非居民公司就来源于俄罗斯境内的所得纳税。

作为合并纳税人集团责任参与者的企业被视为该合并纳税人集团的

纳税人。下列企业被视为俄罗斯联邦的税收居民：①俄罗斯企业；②根据国际税收条约被承认为俄罗斯联邦税收居民的外国企业；③在俄罗斯联邦实际管理的外国企业，除非根据双重征税条约另行设立。

1. 企业所得税税率

目前企业所得税的标准税率为20%，其中2%的税率支付给联邦预算，18%的税率支付给俄罗斯联邦主体的预算（地区预算）。2017—2024年间，预算之间的这一分配比例分别为3%和17%。对于特定类别的纳税人，如在不同类型的特区和项目范围内行事的纳税人，俄罗斯联邦各主体的法律可以降低应付给地区预算的税率。对特定类型的收入也有其他税率（如俄罗斯企业收到的股息为13%）。外国企业获得的收入与通过常设机构开展业务活动无关的，按20%的标准税率缴纳企业所得税。外国企业使用、维护或租用与国际运输有关的船舶、飞机和其他移动车辆或集装箱的收入，适用10%的税率。15%的税率适用于领取红利的非居民。在俄罗斯境内通过常设机构开展业务活动的外国企业每季度预付一次税款。来自国外的收入与利得适用常规的所得税税率。

2. 企业所得税计税

应税利润是应税收入与可扣减费用之间的差额。一般而言，企业可以在当年的收入产生活动中扣除所有必要的有据可查的费用。但是，应该考虑一些特定的限制。

无论企业是否在该期间内获利，折旧按月计算的，都可以扣除。有两种折旧方法：直线法和非直线法。在某些情况下，允许进行加速折旧（系数最大为2或3）。从2018年到2027年（含），地区税务机关可能会采用特殊的投资扣除而不是折旧。如果某地采用了这种扣除方式，将直接适用于应纳税额，如应纳税额可能会因新购置的固定资产的成本而减少。该方法使用条件由地区税务局确定。到2020年3月，有43个地区实行了投资扣除，几乎所有地区都对某些类别的纳税人实行了该项扣除方法。

存货按其购置成本计价。转移到生产中的物料成本可以通过平均成本法、个别计价法或先进先出法三种方法进行评估。

资本利得和损失应按常规企业所得税税率缴纳。在某些情况下，可能适用0的税率。

俄罗斯企业无论支付给居民还是非居民，都应缴纳预提税。从2019年开始，清算收益，如超过股东实际支付的股份的部分，将把个人所得税和企业所得税作为股息征税。在以下情况下，居民企业收到的股息将按0的预扣税税率缴纳：受款人持有付款人至少50%的资本，并且在过去的365个日历日中连续参加了该活动。需注意，只有外国企业自愿承认自己为俄罗斯居民，才适用0的税率。支付给非居民企业或个人股息的税率为15%。支付给居民的股息税率为13%。

如果向直接或间接持有俄罗斯企业股份25%以上的相关外国人支付利息，则适用资本弱化规则。这些规则也适用于其他情况。如果债务权益比率超过3∶1（对于银行公司，则超过12.5∶1），则俄罗斯企业的可抵扣利息金额受到限制。实际利息金额与根据俄罗斯税法计算的利息之间的差额被视为俄罗斯实体向其外国股东支付的股利，并需缴纳15%的预提税额。

在上一个纳税期间遭受损失的纳税人有权将当前报告期间的税基扣去损失总额或该损失的一部分。自2017年1月1日起，与2007年1月1日开始的税期有关的已实现亏损可以无限期结转（2017年之前此限制为10年）。对于2017年1月1日至2021年12月31日的税期，亏损结转不得超过当年应税所得额的50%。自2021年起，结转金额没有限制。

免税收入：收到的用于支付租赁资本的收入；以工业资本投资的形

式从外国实体获得的特殊用途融资收入,前提是这些投资必须在当年使用;满足一定条件时,俄罗斯企业以资产出资的形式免费获得的资产或从持有被投资者 50%以上股份的实体获得的资产。

3. 税收征管

纳税期为一个日历年。税务报告期为一个日历年的第一季度、半年和 9 个月。除外国法人实体外,企业有义务按月预付季度债务。预付款的到期日不得晚于相应月份的第 28 天。一般来说,企业所得税的申报必须在纳税年度后的 3 月 28 日之前进行。组成集团且直接或间接持股 90%以上的俄罗斯企业可以合并申报纳税,但在前一个日历年度需满足:支付税款超过 100 亿卢布,利润超过 1000 亿卢布,资产超过 3000 亿卢布。

(二)俄罗斯的个人所得税政策

对居民和非居民个人征收个人所得税,无论其是否为俄罗斯联邦公民。如果个人在连续 12 个月内在俄罗斯停留超过 183 天,则被视为俄罗斯居民。俄罗斯居民要对其在全球范围内的收入征收个人所得税,非居民只对其来自俄罗斯的收入征收个人所得税。

1. 计税收入

各类应纳税的收入如下:

雇佣工作收入包括以现金或实物形式获得的报酬,包括但不限于工资、奖金、出国津贴和雇主为雇员支付的税款。纳税居民有权从收入中扣除某些类型的税款(见税收扣除)。

自营收入指个人从事自营活动的收入需要缴纳个人所得税。

受控外国企业收入。俄罗斯税务居民在参与外国企业或建立外国非法人结构以及受控外国企业(CFC)时,必须遵守某些报告要求。受控外国企业超过门槛的未分配利润可计入控制人的应税收入。在俄罗斯联邦，某些类型的受控外国企业可免税。

投资收入。居民获得的红利（俄罗斯和非俄罗斯来源的红利）应按13%的税率纳税。非居民收到的俄罗斯来源的红利按15%的税率纳税。

雇主提供的股票期权。俄罗斯税法中没有直接规定雇主股票期权和其他股权报酬的税收问题。从以往经验来看，根据一般税收原则和最常见的主流立场，雇员在行使雇主提供的股票期权时，必须确认收入等于股票的公平市场价值超过行权价格的部分。然而，从税法和证券法规的字面解读来看，自2011年1月1日起，股权奖励在授予时为期权合同的，也有可能使得个人在获得期权时纳税。因此目前期权的征税性仍存在不确定性。

资本收益。资本收益包含在常规收入中。不适用单独的资本收益税。

2. 税收扣除

扣除项目只有纳税居民才能享受，分为标准性扣除、社会性扣除、财产相关性扣除、专业性扣除和投资性扣除。对于非居民，只适用于按13%的税率纳税的收入。

标准性扣除。每位居民纳税人对受抚养子女的标准扣除额为：第一个和第二个子女每人每月1400卢布，第三个和每增加一个子女每人每月3000卢布。当纳税人按13%的税率计算的全年应纳税收入超过35万卢布的当月，这一扣除额就会逐步取消。某些残疾人、退伍军人和自然灾害受害者每月可获得3000卢布的扣除。

社会性扣除。包括以下内容：某些慈善捐款的年度扣除额，最高为收入的25%；纳税人子女的教育费用，最高为每个子女5万卢布；纳税人本人的教育费用；纳税人的医疗费用（允许扣除的金额取决于医疗费用的类型）；纳税人向有执照的俄罗斯非国家养老基金缴款的相关费用；纳税人补充国家养老保险缴款的相关费用。医疗、非国家养老基金、国家养老保险和教育费用（纳税人的子女教育费用和政府指定的某些与昂贵的医疗有关的医疗费用除外）的合计扣除额每个纳税年度不得超过12万卢布。

财产相关性扣除。自2018年1月1日起，纳税人出售其拥有的5年（某些情况下为3年）或以上的房产所取得的收入，对税收居民和税收非居民均可免税。在俄罗斯联邦境内建造或购置生活用房的财产购买支出（最高200万卢布），因为资助此类购置或建造而支付的抵押贷款利息或某些其他银行利息而增加的金额，可以扣除。200万卢布的财产减免额可以适用于多个财产项目，直到用完全部减免额。可扣除的抵押贷款利息的金额限制为300万卢布。如果住宅物业由几个人拥有，每个人可以申请200万卢布的财产税扣除，但不超过每个人的实际支出。如果是夫妻共同财产，夫妻双方都可以申请减税，每个人的减税额度不超过200万卢布。

纳税人处置拥有不足5年（3年）的不动产，其第一笔100万卢布的收入可以从销售收入中全额扣除（或者纳税人可以选择按实际应税收益缴税，实际应税收益等于总收益减去有凭据的支出）。纳税人处置拥有不足3年的动产（证券除外），其第一笔25万卢布的收入可全额抵扣销售收入（或者纳税人可以选择按实际应税收益缴税，实际应税收益等于总收益减去有凭证的支出）。购买房产的费用、向俄罗斯非国家养老基金缴纳养老保险的相关费用和专业税费可以通过工资薪金所得扣除。出售证券取得的收入按特殊规定办理。

专业性扣税。个体工商户和其他以合同为基础从事工作或服务的个人，可以扣除相关的业务费用。如果财产直接用于开展创业活动，这些纳税人缴纳的财产税可以扣除。纳税人不能证明与创业活动有关的支出的，允许按照创业活动取得的总收入的20%的标准扣除。

投资性扣除。三种投资性扣除项目：出售或赎回在俄罗斯证券交易所流通的、拥有3年以上的、在2014年1月1日以后获得的证券的资本收益金额（扣除金额有限制）；存入个人投资账户的资金金额，每年上限为40万卢布，但必须符合一定的条款和条件；涉及使用个人投资账户的交易收入金额。纳税人必须在上述第二项和第三项投资性抵扣中选择，不能同时适用。

免税收入：福利金（暂时性残疾除外）和根据现行法律支付的补偿金；法律规定的与劳动义务有关的各种补偿金；收到的赡养费；国际组织为科学、教育、文化和艺术目的提供的补助金；奖学金和其他一些收入；对出售持有5年以上的不动产全额豁免。

收到个人赠送的礼物，可以免征所得税。但是除非不动产、车辆和证券是近亲属赠送的，否则这些物品的赠予是需要纳税的。从个人企业家和法人实体收到的礼物在一个日历年内免征4000卢布。超出的部分，居民按13%的税率征税，非居民按30%的税率征税。继承的财产可以免税。

3. 个人所得税税率

13%、15%、30%和35%四种统一税率适用于不同的收入类别。

13%的统一税率适用于所有未规定另一税率的收入，包括纳税居民个人所赚取的工资、股息和其他收入，以及为移民目的符合高素质专家（HQSs）资格的外国个人以该身份从事工作和服务而获得的收入。

但是，根据俄罗斯财政部目前的立场，非居民HQS的就业收入仅限于基本工资、假期津贴和奖金。由于目前税务当局倾向于只对与总部雇员薪酬直接相关的收入征收13%的税率，一些福利和津贴应按30%

的税率处理。因此，对非总部人员工作所得的其他收入或非居民总部人员从任何其他雇主（例如，总部人员在俄罗斯联邦境外从事的工作或服务）获得的收入按13%的税率征收，可能会受到税务当局的质疑。

15%的统一税率适用于非税收居民的个人从俄罗斯获得的股息收入。

30%的统一税率适用于非税收居民个人获得的所有应税收入（股息收入除外），但HQS的收入除外。俄罗斯银行存款利息收入和俄罗斯企业某些以卢布计价的交易债券的票息（利息）收入超过央行再贷款利率上调5个百分点（或非卢布存款利息收入超过9%），某些奖金和某些低息或零息贷款的视同收入适用35%的统一税率。

4. 继承税、遗产税和赠与税

自2006年1月1日起，俄罗斯废除了继承税和赠予税。但是，根据财产的类型及其来源，通过礼物接收财产的个人可能需要支付个人所得税。如果是礼物，个人所得税通常根据个人从公司或组织收到的礼物的市场价值支付。关于从他人收到的礼物，应税收入包括房屋、公寓、乡间别墅、车辆、某些证券和投资基金单位，近亲属（配偶、父母和子女、祖父母和孙子女、兄弟姐妹）之间的交易可免征。遗产免税，但向继承人支付的与作者在发明、艺术等方面的报酬有关的款项除外。

三、俄罗斯的其他税收政策

所有在俄罗斯注册的业务单位都必须为其员工和承包商缴纳社会保障税。雇主为雇员以现金和实物形式支付的报酬、奖金和其他收入，以及根据民法合同为提供作品、服务和版权协议支付的报酬，均包括在应税基数中。社会保障税是根据每个人的报酬计算的。社会保障税仅由雇主承担，雇员不承担任何社会保障税。

养老基金：2021年，每位员工的年收入按22%的税率缴纳，不超过146.5万卢布。超过此门槛的薪酬将额外收取10%的最高费用；社会保险基金：到2021年，每位员工的收入按2.9%的税率缴纳（临时逗留俄罗斯的外国公民为1.8%），每年不超过96.6万卢布。根据民法合同支付的报酬无须缴纳社会保险基金缴款；医疗保险基金：没有上限，适用税率为5.1%。

俄罗斯已经为符合条件的企业建立了优惠制度。自2021年起，符合条件的IT公司对上述所有三个基金的税率合计为7.1%。从2020年4月1日起，中小企业的社会保障税税率已降至近15%。

雇主还有义务缴纳工伤事故和与工作有关的疾病的保险费。根据雇主的经营活动类型，该缴款的比率从工资基金的0.2%到8.5%不等。

所有在俄罗斯注册的个体企业家、私人律师和公证人（不是雇主）都有义务为自己缴纳社会保障税。

除上述介绍的主要税种外，俄罗斯还有一些其他小税种，主要有企业财产税、交通运输税、博彩税、矿产资源开采税及水资源使用税。

在俄罗斯联邦境内拥有财产的俄罗斯和外国企业都有义务缴纳财产税。税率由地区税务当局规定，但不能超过2.2%。在某些情况下，应税基数是有关居民企业或常设机构资产负债表上固定资产的年平均折旧值。其他情况下，税基是地籍价值（如商业和贸易中心等）。在俄罗斯没有常设机构的外国企业只需就其不动产缴纳财产税。从2019年起，企业财产税只适用于不动产（动产不再征税）。

运输车辆（汽车、摩托车、公共汽车等）的所有者需要缴纳运输税，其税率取决于所拥有车辆的技术规格；经营赌博场所的企业要缴纳博彩税，应税对象是指规定的实物（如赌博机等），税率是固定的，与收入和利润无关；矿产资源开采税适用于从事矿产开采业的公司，税率可以是从价税（通常是一个百分比），适用于应税基数（例如，提取钾盐的税率为3.8%），也可以是从量税，具体适用于提取矿物的数量（例如，以卢布每吨计算），取决于开采条件和矿物资源的类型。纳税人缴纳的矿产资源开采税可以在企业所得税税前扣除；为特定目的用水企业和个人要缴纳水资源使用税。税率是固定的，取决于用水量。

四、俄罗斯的涉外税收政策

居民企业取得境外收入缴纳企业所得税。对境外已缴纳的直接税实行限额抵免，俄罗斯无间接抵免。俄罗斯没有递延纳税规定，即纳入合并报表范围的收入，都要在俄罗斯缴纳公司利润税。居民公司从境内、境外获得股利免征利润税条件：持股50%以上，且在一个日历年度内连续持股。有受控外国企业规定，居民企业或居民个人持有境外企业25%以上的股份为受控外国企业。受居民企业控制的外国企业需要缴纳20%的企业所得税，受居民个人控制的外国企业需要缴纳13%的个人所得税。

俄罗斯的转让定价指南比较严格，与OECD转让定价指南基本一致。上年纳入合并范围的流转额超过500亿卢布的跨国公司，需要向税务机关提交主文档、地方文档和国别关联交易等3份报告。在俄罗斯纳税较多的大企业，可以申请预约定价。在俄罗斯，直接或间接持股25%以上的外国关联方及其在境内的关联企业，被认为关联方的担保企业等，需遵守资本弱化规则。通常，关联法人的债务权益比例为3：1，金融企业12.5：1。超过税法允许扣除的那部分利息，视为股利，征收15%的预提税。

居民企业对境外付款征收预提税：股利预提税税率为15%。利息和特许权使用费，预提税税率为均为20%。出售不动产或不动产公司股权的资本利得，预提税税率为均为20%。运输费，预提税税率为10%。分公司利润汇出，不征收预提税。

截至2021年，俄罗斯已经与85个国家签订了双边税收协定。在俄罗斯与各国签订的税收协定中，满足一定条件，股息预提税税率为0的：科威特、马来西亚、马其他、沙特阿拉伯、新加坡、瑞士和阿联酋。满足一定条件，股息预提税税率为5%的：阿尔及利亚、亚美尼亚、澳大利亚、奥地利、博茨瓦纳、智利、中国、克罗地亚、古巴、塞浦路斯、厄瓜多尔、芬兰、法国、德国、希腊、冰岛、伊朗、意大利、日本、韩国、科威特、拉脱维亚、立陶宛、卢森堡、马耳他、黑山、摩洛哥、纳米比亚、荷兰、卡塔尔、沙特阿拉伯、塞尔维亚、新加坡、西班牙、瑞典、瑞士、塔吉克斯坦、乌克兰、美国。利息预提税税率为0的：奥地利、中国、塞浦路斯、捷克、丹麦、厄瓜多尔、芬兰、法国、德国、匈牙利、冰岛、爱尔兰、日本、朝鲜、韩国、科威特、卢森堡、摩尔多瓦、荷兰、新加坡、斯洛伐克、瑞典、瑞士、阿联酋、英国、美国。特许权使用费预提税税率为0的：亚美尼亚、奥地利、比利时、塞浦路斯、丹麦、芬兰、法国、德国、匈牙利、冰岛、爱尔兰、意大利、日本、朝鲜、卢森堡、马里、荷兰、挪威、卡塔尔、卡塔尔、南非、瑞典、瑞士、塔吉克斯坦、英国、美国、乌兹别克斯坦。

中国与俄罗斯协定：直接持股25%以上且不少于8万欧元的情况下，股息预提税税率5%，否则，股息预提税税率10%。分公司利润汇出，不征税。利息预提税税率5%，特许权使用费预提税税率6%。持股20%以上，可以间接抵免，无税收饶让。

第二节 白俄罗斯的税收政策

白俄罗斯（Belarus）的主要税种有公司所得税、个人所得税、增值税、消费税、关税、不动产税和社会保障税等。白俄罗斯货币为白俄罗斯卢布（BYR）。

一、白俄罗斯的流转税政策

白俄罗斯的流转税政策，这里主要介绍白俄罗斯的增值税政策、消费税政策和关税政策。

（一）白俄罗斯的增值税政策

1. 增值税税率

一般来说，纳税人在白俄罗斯境内提供的商品和服务以及商品进口应缴纳增值税。增值税税率可能为零税率、免税、10%优惠税率、20%标准税率和25%高税率。

零税率的商品和服务：货物出口、与出口有关的一些工程和服务；运输服务的出口，包括过境运输；根据收费协议用客户提供的原材料生产货物的工程出口；为外国公司和个人修理飞机及其发动机、铁路技术设备（如客运车厢、货车、柴油火车）。

免税的商品和服务：提供金融服务（如银行信贷，发行银行担保，开设银行账户）；提供保险服务（如保险费）；提供教育服务（如大学教育）；提供文化服务（如博物馆、美术馆、电影院、剧院和图书馆等提供的服务）；提供住房服务（如向个人提供的住房）；提供医疗服务

（如诊断、治疗和手术）；为残疾人提供假肢等医疗设备。

适用10%的优惠税率：本地农作物产品（不包括花艺、观赏植物的种植）、养蜂、牲畜（毛皮生产除外）和渔业；进口和当地生产销售的某些儿童食品和商品。电信服务费为25%的高税率（如电话服务、数据传输和远程信息处理、电视广播）。

2. 增值税计税的主要内容

增值税适用于下列交易：在白俄罗斯销售货物（工程和服务）和财产权（包括交换货物、无偿转让、租赁、根据贷款协议转让货物）；向白俄罗斯进口货物。

下列情况，货物被视为在白俄罗斯销售：货物位于白俄罗斯境内，且未在国外装运或运输；货物在开始装运或运输时位于白俄罗斯境内；如果执行工程（提供服务）的私人企业家或组织的活动在白俄罗斯进行，则服务被视为在白俄罗斯提供。附加服务的供应地点与主要服务相同。

在下列情况下，服务被视为在白俄罗斯提供：服务与白俄罗斯境内的不动产直接相关；服务与白俄罗斯境内的动产有关（动产的出租和租赁除外）；服务（作品）是在白俄罗斯文化、艺术、教育（远程教育除外）、体育、旅游、休闲或体育领域提供的；服务（作品）的购买者在白俄罗斯开展以下活动，包括：

（1）具体有转让知识产权。

（2）提供审计、咨询、法律、会计、广告、营销、工程和信息处理服务。

（3）提供借调服务（如果工作人员在白俄罗斯工作）。

（4）出租动产（运输车辆除外）。

（5）提供与开发计算机程序和数据库（计算机软件和信息产品）

有关的服务，以及对这些产品进行调整和修改。

进项税的抵扣。纳税人可以收回进项税，进项税是针对为从事增值税范围内的活动而提供的商品（工程和服务）和财产权收取的增值税。纳税人通常通过从销项税中扣除进项税来收回进项税。每笔交易均应通过主要会计凭证进行确认。进项税额在会计核算和购货账中反映出来后可以收回。

可抵扣进项税（应与应税业务用途有关）：从居民法人实体购买商品、工程和服务以及产权所支付的增值税；进口商品所支付的增值税；从在白俄罗斯没有常设机构的外国法人实体购买货物、工程、服务以及产权所支付的增值税等。

不可抵扣的进项税额。在下列情况下，不能收回进项税额：因取得的货物、劳务、服务和产权用于免征增值税的活动，可作为企业所得税费用扣除的；未在会计账簿中反映的；用捐赠预算资金支付的；除紧急情况外，货物丢失或损坏等。

增值税退税。增值税纳税申报表中的增值税扣税额（进项税额）超过应纳销项税额的，纳税人无须缴纳增值税，增值税扣税额与销售货物、服务、产权计算的增值税总额之间的差额，可以在下一会计期间从增值税总额中优先扣除，或者在一定情况下退还给纳税人。税务机关必须在纳税人提交增值税纳税申报表和退税申请之日起两个工作日内做出退还增值税的决定。税务机关可以对退税的合理性进行审查。

非常设机构抵扣增值税。只有在白俄罗斯从事应税活动的注册法律实体才能抵扣增值税。

如果外国法人实体在白俄罗斯税务机关注册为常设机构，则购买货物和服务（包括进口货物）和财产权所发生的增值税一般可以按照通常的规则进行抵扣。如果企业在白俄罗斯进行了增值税注册，但没有常设机构，向非常设机构供货，则不能抵扣在白俄罗斯发生的进项税。

3. 增值税的税收征管

正常情况下，纳税人以权责发生制确认增值税收入。若纳税人使用简化的税制并保留简化的税务记录而无会计记录，则以收付实现制确认收入。增值税申报表应在报告期后一个月的 20 天内每月或每季度提交给税务机关，并应在报告期后一个月 22 天内支付所有应付增值税税款。

纳税人必须为每笔应纳税增值税交易开具电子增值税发票。所有增值税纳税人都必须使用电子增值税发票（除未在白俄罗斯税务机关注册的外国公司外）。增值税电子发票是通过白俄罗斯税收和关税部的门户网站进行电子管理并存储的。

（二）消费税政策

消费税应税商品包括各种酒类、香烟、香烟制品、原油、车用油以及乘用车等。用于生产医药产品的酒精免于缴纳消费税。自 2020 年，白俄罗斯消费税单位消费税额为 0~481.08 白俄罗斯卢布。

（三）关税政策

一般情况下，白俄罗斯境内所有进口环节的货物均需要缴纳关税。对于某些部分特定进口货物免于缴纳关税（如科教文化相关的产品）。

进出口关税采取固定税率或固定单位税额两种方式进行计算。关税税率 5%~30% 不等；单位税额（例如：每千克或每立方厘米）为 0.5~5 欧元。

白俄罗斯与亚美尼亚、哈萨克斯坦、吉尔吉斯斯坦以及俄罗斯签订了欧亚经济联盟协定，对于上述国家范围内的商品进出口不征收关税，从上述国家范围外进口的商品需要缴纳关税。

二、白俄罗斯的所得税政策

（一）白俄罗斯的企业所得税政策

白俄罗斯居民企业应就其全球收入征税。非居民企业仅需对来自白俄罗斯的常设机构的白俄罗斯来源收入征税。如果非居民的白俄罗斯常设机构没有任何业务活动，将对其白俄罗斯来源的收入缴纳预扣税。

1. 企业所得税税率

企业所得税的标准税率为18%，但银行和保险公司适用25%的企业所得税税率。分公司与法人适用同一税率，分公司利润汇出，不征税。

低税率适用于以下类型的收入：高科技产品生产商的利润为10%；支付给白俄罗斯公司的股息为12%；科技园、技术转让中心和科技园居民企业的利润为10%。

需说明，白俄罗斯税收政策对某些行业有特殊的征收规定，具体有以下五种：

（1）简化的税收制度：在简化制度下，企业实体无须缴纳公司所得税，在某些情况下，也无须缴纳增值税，而是缴纳税款统一税，占总收入的5%。如果企业实体继续缴纳增值税，则占总收入的3%或某些非销售收入的16%。

（2）对农业生产者的统一税：对农业生产者销售商品及其他财产和非销售交易所得的总收入征收1%的统一税。对于采用统一税的农业实体，其年度总收入的至少50%必须来自其自己生产的农作物产品（不包括花卉和观赏植物）、畜牧产品、鱼类育种和蜜蜂育种产品的销售，否则统一税率为3%。

(3)博彩税:博彩(彩票除外)应按固定税率缴纳。费率取决于所使用的经营性赌博设备的类型和数量。对收到的投标金额与要支付给获胜者的资金之间的正差额征收 4%的博彩税。

(4)对彩票销售产生的收入:对总收入减去授予的奖金差额征收 8%的税款。

(5)电子互动游戏税:对电子互动游戏的收入与应支付给获奖者的资金之间的差额征收 8%的税款。

2. 应纳税所得额的确认

在白俄罗斯注册成立的企业应就其全球收入缴纳企业所得税。通过常设机构在白俄罗斯开展业务活动的非居民企业,仅对其在白俄罗斯通过常设机构进行的活动所得的收入缴纳企业所得税。

应税利润是根据白俄罗斯的会计准则编制的财务报表,并通过税法规定的项目调整财务报表中报告的利润来确定的。调整涉及特殊的收入和支出项目,通常用于限制可抵税支出。例如,差旅费用可在一定限额内扣除。纳税人可以扣除总计不超过收入 1%的某些费用(招待费用、逾期贷款利息、员工年度奖金、董事会成员的薪酬以及其他一些费用)。

下列情况,支出不具有经济合理性,不得扣除:纳税人没有实际收到货物(工程和服务)、无形资产或产权;纳税人向个体工商户购买工程和服务,该个体工商户是纳税人的雇员,其工作职责包括这些工程和服务;纳税人(不包括股份公司)向另一家公司(不包括股份公司)购买商品和服务,该公司是纳税公司的股东,反之亦然。

存货按实际成本计价。确定成本价值所允许使用的会计方法有平均成本法、个别计价法、先进先出法(FIFO)。固定资产(建筑物、房屋、设备和车辆)可以按照税法规定的税率使用直线法,间接不成比例法和生产法进行折旧,而土地不折旧。固定资产大致可分为五个基本组,每个组的折旧率如下:不动产0.8%~20%;厂房机械和设备2%~25%;商标、专利和其他无形财产2.5%~20%;计算机20%;运输工具5%~20%。

投资扣除。在企业所得税方面,购置或重建有形资产的初始价值(重建投资价值)可按以下比例扣除:建筑物和构筑物不超过15%;机械和设备以及某些运输工具不超过30%。税基(资产的初始成本)不因税收投资扣除而减少。纳税人在享受投资扣除后,可按固定资产的初始价值计提折旧。

税收减免。某些组织的收入及股利无须纳税:白俄罗斯残疾人协会、白俄罗斯聋人协会、白俄罗斯视力残疾人协会;风险投资组织和白俄罗斯创新基金。

在满足一定条件的情况下,对用于资助国家社会事业(包括教育、医疗、体育和宗教组织)或用于建设体育设施的支出,可以减少应税利润,但抵减额不得超过应税利润的10%。

某些业务活动产生的利润可免税:婴幼儿食品的生产;根据白俄罗斯政府发布的清单,企业生产销售的高科技产品收入(这些销售收入须超过公司总收入的50%);根据政府发布的清单,企业生产的创新产品收入;与政府证券、白俄罗斯国家银行证券和其他一些证券的交易。

股息。除非双重征税条约另有规定,支付给在白俄罗斯没有常设机构的外国法人实体的股息应缴纳12%的预提税。居民企业向另一居民企业分配的股息需缴纳12%的预提税。但是,若居民企业连续三个日历年未在其股东之间分配利润,则预提税税率降至6%。若居民企业连续五个日历年未在其股东之间分配利润,则预提税税率为0。

由于股息已从源头征收预扣税,因此企业股息收入无须再按企业所得税征税。如果外国实体向白俄罗斯的实体支付股息,则即使该外国支付实体可能从源头扣除了预扣税,所收取的股息仍需缴纳12%的企业所得税。

亏损。尽管存在一些限制,但可以将税收损失结转并用于抵减以后10年产生的利润。某些业务产生的税收损失只能用于抵销同一业务产生的应纳税利润。如果税收损失不属于某个特定类别,则通常将其结转,无论其产生的经营或活动如何。

资本利得。资本利得的税率为18%。资本收益不单独征税,而是包括在纳税企业的总收入中。

3. 税收征管

基本报告期为日历季度。第一、第二、第三季度的纳税申报表必须在相应报告季度之后的下个月的20日之前提交。每年第四季度的公司所得税必须在当年12月22日之前缴纳,金额应等于当年第三季度应缴税额的三分之二,其后的额外付款或减免应不迟于第二年3月22日。

未缴税款的罚款为未缴税款的40%,但不得少于10个基本单位(约110欧元或120美元)。公司迟交纳税申报表的罚款最高为10个基本单位。除了这些罚款外,每天拖延缴纳税款也将受到罚款。罚款是根据白俄罗斯国家银行规定的再融资利率(目前为9%)评估的。

(二)白俄罗斯的个人所得税政策

白俄罗斯的纳税年度为日历年。白俄罗斯居民个人要对其全球收入缴纳个人所得税,而非居民个人只对其来自白俄罗斯的收入缴纳个人所得税。在税收方面,如果个人在一个日历年内在白俄罗斯停留超过183天,则被视为白俄罗斯的税收居民,否则被视为非居民。

1. 计税收入

下面介绍各种收入的征税情况。

雇佣工作收入。雇佣工作收入包括但不限于工资和报酬，以及以现金或实物形式获得的奖金。就个人所得税而言，白俄罗斯来源的工作收入是指个人从白俄罗斯企业获得的收入，而非白俄罗斯来源的工作收入是指从外国企业获得的收入，而无论实际履行就业职责的地点在哪里。在白俄罗斯经营的外国企业获得的就业收入，虽然是外国企业常设机构，但被认为是白俄罗斯来源的收入。

投资收入。如果收入来源于股票或股份，则视为股息收入。白俄罗斯和外国来源的红利适用13%的统一个人所得税税率。非居民从当地获得的红利要在源头预扣13%的个人所得税。

在白俄罗斯境内的银行存款利息收入，如果资金存入白俄罗斯卢布存款账户一年以上，或者存入外币存款账户两年以上，或者银行存款利息收入的计息方式不超过银行活期存款利率，则不需要缴纳个人所得税。

自营收入。自营人士的收入一般按16%的统一税率缴纳个人所得税。某些类型的收入按9%的特定统一税率征收。税款的征收依据是个人的年度自雇收入，即总收入减去与该收入相关的记录费用。自雇者如果其活动被视为商业活动，则必须向相应的注册机构注册为个人企业家。个体工商户一般要为其季度收入缴纳个人所得税。

在某些情况下，个人企业家可以使用特定的税收制度（简化税和单一税）。

单一税是针对税法规定的有限活动缴纳的。单一税税种的纳税人包括以下几个方面：个人创业者为个人需要向个人销售服务，或在特定销售场所（如小商店）销售特定类型的商品；不从事创业活动的个人在商品市场销售特定类型的商品（如个人种植的蔬菜和水果）。

单一税根据纳税人销售或提供的商品或服务类型，按固定税率征收。税额取决于创业活动的类型和开展该活动的地点。一般来说,单一税是按月预缴的。个人企业家(除符合单一纳税人资格的企业家外)如果其产生的收入不超过法定门槛,可以使用简化税制而不是一般税制。新注册的企业家可以在注册后立即向税务机关申请使用简易税制。税款按季度缴纳,税率为报告期内总收入的5%。如果企业家适用简易税制并同时缴纳增值税,则税率降至3%。根据增值税报告的频率,适用季度或月度报告。

其他收入。凡是未列入上述的其他收入,一般计入正常收入,按13%的一般税率征税。资本收益不单独缴纳,而是包含在个人纳税人的总收入中。某些类型的收入适用4%、9%、10%和16%的特定税率和固定税率。

2. 税收扣除

白俄罗斯税法将税收减免分为以下四类:标准性税收扣除、社会性税收扣除、财产性税收扣除、专业性税收扣除。纳税人在计算个人所得税税负时,可以申请上述所有扣除项目。

(1) 标准性税收扣除。每个纳税人可以申请以下标准性扣除:个人扣除额相当于每月110白俄罗斯卢布。月收入超过665白俄罗斯卢布的个人不能享受此项扣除;每名18岁以下的子女或受抚养人每月可享受相当于32白俄罗斯卢布的扣除。

补偿性扣除额相当于每月155白俄罗斯卢布。残疾人、退伍军人和自然灾害受害者可享受补偿相关扣除。

标准性税收扣除是在主要就业地或由税务机关根据向税务机关提交的年度纳税申报表,在一个日历年的每个月提供标准扣除。

(2) 社会性税收扣除。纳税人可按下列金额合计申请社会税收扣除:纳税人及其近亲属(子女、配偶、父母、兄弟姐妹、祖父母和孙子女）实际发生的教育费用。如果是纳税人接受初等教育发生的费用，则可享受此项扣除；纳税人为支付教育费用而从银行、地方企业或企业家处取得的贷款（包括应支付的贷款利息）实际发生的还款；年内实际发生的自愿性养老保险、人寿保险或医疗保险协议的保险支出。养老金或人寿保险协议的签订期限必须不少于3年。任何申请社会减税的金额必须有相关文件证明。

（3）财产性税收扣除。根据白俄罗斯税法，个人可以申请以下财产性扣除：纳税人或其任何家庭成员在白俄罗斯境内建造或购买公寓或房屋实际发生的费用，以及偿还当地公司或企业家或白俄罗斯银行为此目的提供的贷款所发生的费用的扣除。只有生活条件需要改善的纳税人才可享受减免。这一事实必须由地方税务当局根据适当的文件予以确认。

购买和处置财产时实际发生并有文件证明的费用可以扣除。但是，在白俄罗斯，个人出售财产（不包括房地产、汽车和证券）取得的收入免征个人所得税。对纳税居民来说，五年内处置不动产不超过一次和一年内出售一辆汽车不需要纳税。向近亲出售任何财产所获得的收益可以免税。

（4）专业性税收扣除。因创作、表演或以其他方式使用智力活动成果而获得特许权使用费或费用的个人，可根据白俄罗斯税法扣除相关费用。所有费用必须有按规定格式制作的相关文件支持。

某些参与创造知识产权的个人，可以不根据文件规定的费用申请专业减税，而是申请相当于所得收入20%、30%或40%（取决于活动类型）的减税。

根据纳税人向税务机关提交的年度纳税申报表，向纳税人提供专业税收扣除。税务机关允许纳税人选择按实际发生并有据可查的费用数额或按规定的应纳税所得额的一定比例进行扣除。税务代理机构可以按照历年应纳税所得额的既定比例向纳税人提供此项扣除。

运动员个人及其教练员可以根据白俄罗斯税法扣除相关费用。这类个人可以不根据有据可查的支出申请专业减税，而是申请相当于所得收入20%的减税。根据纳税人向税务机关提交的年度纳税申报表，向纳税人提供这种专业税收减免。

3. 个人所得税税率

来自白俄罗斯或国外的个人收入一般按13%的统一税率缴纳个人所得税。此外，4%、9%、10%和16%的特定税率适用于某些类型的收入。

从白俄罗斯博彩公司获得的赢利收入（未投注和返还投注以及成功投注获得的赔款）适用4%的特定税率；根据与高科技园区居民签订的就业协议，个人获得的就业收入适用9%的特定税率。在高科技园区注册的企业家的营业收入也按9%的税率征收；如果白俄罗斯企业在之前连续3个日历年内没有在白俄罗斯企业的参与者或股东之间分配利润，则白俄罗斯企业的红利适用6%的特定税率；如果白俄罗斯企业的参与者或股东在过去连续5个日历年内没有分配利润，则白俄罗斯企业的红利适用0的特定税率；在一般税制下（不适用单一税制和简化税制），个人企业家的营业收入适用16%的特定税率。16%的特定税率也适用于税务机关在某些情况下根据总支出超过个人总收入的部分计算出来的收入（例如，购买公寓）。

个人根据房租合同取得的收入适用固定税率。每月固定的个人所得税从2.1到133白俄罗斯卢布不等，具体取决于租赁房产的类型和地点。

4. 遗产税与赠予税等

白俄罗斯不征收遗产税、赠予税与净值税。

三、白俄罗斯的其他税收政策

社会保障税和其他类似付款。一般来说，所有支付给雇员的款项都要缴纳社会保障税，总费率为35%。社会保障税的费率为34%（28%的养老保险和6%的社会保险），由雇主支付并在企业所得税中扣除。1%从雇员的工资中扣除，由雇主支付。

自营职业者以及个体工商户有责任在报告年度的次年3月1日之前，根据其计算的收入，按29%的费率缴纳养老保险，按6%的费率缴纳社会保险。此外，雇主有责任代表所有雇员向国家保险公司支付工伤事故和职业病的强制性保险。这些付款是按0.6%的统一费率收取的。对于从事某些经济部门的雇员，适用高达1.5%的特殊系数。因此，工伤事故和职业病强制保险的支付金额可能增加。

解雇津贴、精神损害赔偿、法律规定的出差赔偿、某些个人强制性和自愿性保险下应支付的保险费、某些类型的福利援助以及其他此类付款免于支付社会保障税、工伤事故和职业病的强制性保险。

社会保障税应在规定的工资支付日之前按月支付，但不得晚于到期月份的下一个月的20日。上一年度平均雇员人数少于100人的商业法律实体有权在一个季度内至少支付一次社会保障税，支付日期为报告季度的最后一个月，但不得晚于报告季度后一个月的第20天。

不动产税以企业房产以及在建工程的价值或租金为基数进行缴纳。企业房产以及建筑物等投入使用的第一年免缴不动产税。为环境保护项目所建造或使用的房产以及建筑物免缴不动产税。不动产税的法定税率为1%。对于2019年1月1日后投入使用的建筑物，投入使用第二年到第五年的适用税率分别为0.2%、0.4%、0.6%、0.8%。实际征收时，税务机关可按法定1~2倍区间内的税率征收不动产税。不动产税可以在利润税税前扣除。

白俄罗斯于2021年1月1日开始征收汽车交通税。所有在交警数据库中登记的车辆车主都有义务缴纳此税。税基是车辆的数量，税款按白俄罗斯税法附录规定的税率按年缴纳。运输税根据税务机关通知，在不迟于纳税期次年11月15日缴纳。

四、白俄罗斯的涉外税收政策

居民企业就其来源于境内外的所得纳税，除境外股利收入适用12%的税率外，取得其他境外收入，适用18%的税率。对境外收入已纳外国税收，实行限额抵免。无受控外国公司规定。

白俄罗斯有转让定价规则，当关联方定价偏离市场价格20%时受转让定价限制。资本弱化规则规定的债务权益比例为3∶1。直接或间接持股超过20%的关联方贷款受资本弱化规则限制。白俄罗斯的资本弱化管理严格，将关联方的咨询费、管理费、市场费、信息费、中介费等关联方支付，均算作借款费用。资本弱化规则不适用于银行、保险公司和租赁公司。

居民公司向非居民支付款项预提税：股利和资本利得预提税税率为12%，利息预提税税率为10%，特许权使用费及其他各种款项预提税税率为15%，运输费预提税税率为6%。

截至2021年，白俄罗斯已经与70个国家和地区签订了双边税收协定。在白俄罗斯与各国签订的税收协定中，满足一定条件，股息预提税税率为0的：科威特、爱尔兰、荷兰、新加坡、瑞典、阿联酋；满足一定条件，股息预提税税率为5%的：奥地利、巴林、比利时、克罗地亚、塞浦路斯、捷克、厄瓜多尔、芬兰、德国、匈牙利、爱尔兰、意大利、韩国、科威特、老挝、黑山、荷兰、北马其顿、阿曼、卡塔尔、沙特阿拉伯、塞尔维亚、斯洛文尼亚、南非、瑞士、瑞典、阿联酋、英国、委内瑞拉。利息预提税税率为0的：丹麦、美国、西班牙；利息预提税税率为5%的：奥地利、巴林、塞浦路斯、捷克、芬兰、德国、格鲁吉亚、匈牙利、伊朗、爱尔兰、科威特、黎巴嫩、荷兰、阿曼、卡塔尔、沙特阿拉伯、新加坡、斯洛文尼亚、瑞典、阿联酋、英国、委内瑞拉。特许权使用费预提税税率为0的：丹麦、法国、格鲁吉亚、波兰、美国。

另外，白俄罗斯与各国协定的建筑工程款（未构成常设机构）预提税税率为：美国36%；英国、法国、丹麦等24%；中国18%；委内瑞拉、老挝、厄瓜多尔等9%；越南、土库曼斯坦、泰国、叙利亚、沙特、卡塔尔、巴基斯坦、阿曼、拉脱维亚、科威特、印度、孟加拉国等6%；其他国家均为12%。

中国与白俄罗斯协定：股息、利息和特许权使用费预提税税率均为10%。分公司利润汇出，不征税。持股10%以上，可以间接抵免，无税收饶让。

第三节　阿塞拜疆的税收政策

阿塞拜疆有三种单独的税收制度：生产分成协议（PSA），适用于在PSA下运营的石油和天然气及采矿公司；东道国政府协议（HGA），适用于在巴库-第比利斯-杰伊汉管道和南高加索管道下运营的公司；法定制度，适用于除上述两种特定范围外的大部分公司。以下税种适用于在法定制度下运营的公司：公司所得税（利润税）、增值税、个人所得税、消费税、财产税和土地税。马纳特（AZN）为阿塞拜疆的法定流通货币。

一、阿塞拜疆的流转税政策

阿塞拜疆的流转税政策，这里主要介绍阿塞拜疆的增值税政策、消费税政策和关税政策。

（一）阿塞拜疆的增值税政策

1. 增值税税率

增值税税率为：标准税率18%、零税率。除非有专门的措施规定零税率或免税，否则增值税的标准税率适用于所有应税商品或服务。

零税率项目：供在阿塞拜疆共和国境内的国际机构和外国的外交和领事代表处正式使用的商品和服务，以及供外交、行政部门个人使用的商品和服务这些代表处的技术人员（包括与他们生活在一起的家庭成员）；咨询、法律、会计、工程、广告和其他服务的出口；利用从国外获得的经济援助向受助人进口、提供货物、销售劳务和提供服务；国际和过境货物和旅客运输，以及与国际和过境航班直接相关的工程和服务的供应，但国际邮政服务除外。

免税项目：提供金融服务；以参股形式向企业出资；销售或购买各类大众传媒产品和出版大众传媒产品（广告活动除外）；乘坐地铁、运送乘客；为学校编印教科书、儿童文学作品和国家预算内资助的国家出版物；提供有偿教育服务（与其他活动有关的服务除外）。

2. 增值税计税的主要内容

增值税适用于以下交易：在阿塞拜疆提供货物、工程和服务、进口货物。

销售额是纳税人销售货物、提供应税劳务以及发生应税行为时向购买方收取的全部价款和价外费用（包括现金、货物、服务和其他形式的补偿），不含增值税，包括关税和消费税。

进口货物的增值税税基是根据海关确定的进口货物的完税价格，不包含增值税。应缴纳的增值税税额，是应税货物和服务收取的增值税税额（销项税额）与为生产应税货物和服务所购买的货物和服务所支付的增值税税额（进项税额）的差额。

按照增值税电子发票规定，通过电子转账（不得以现金方式支付）方式直接从纳税人的存款账户或银行账户向增值税存款账户支付增值税的，增值税电子发票作为增值税抵扣的依据。只有在支付了供应货物或提供劳务的本金的情况下，才允许抵扣增值税。此外，海关出具的能够证明已缴纳的进口增值税额的进口单据，无论以何种形式支付，都可以作为增值税抵扣的依据。

不可抵扣的进项税额。一般情况下，对于娱乐费、食品费（除保健餐、营养餐、牛奶及其他类似产品的费用，以及有关行政主管部门规定的规范内的船舶人员海上运输食品费用外），以及与职工住宿有关的费用和其他社会性质的费用，不得抵扣已支付的进项税额。在交易性质可以抵扣的情况下，已缴纳的增值税不能收回的，可以在所得税中抵扣。

进项税不可抵扣项目：娱乐支出、膳食支出、住宿支出、其他社会性质的支出及与商业经营活动无关的支出。

阿塞拜疆不允许抵扣既未在阿塞拜疆建立也未在阿塞拜疆注册增值税的企业产生的进项税。

3. 增值税的税收征管

纳税义务人及扣缴义务人满足下列条件之一，应登记成为增值税纳税人：①连续12个月内累计应税收入超过20万马纳特；②单笔应税交易额超过20万马纳特。

增值税纳税人向非居民就电子商务服务和劳务支付款项，应扣缴增值税。未注册登记为增值税纳税人的居民企业向非居民就上述项目（酒店、机票预订服务除外）支付款项，负责划拨款项的当地银行应扣缴增值税。

（二）消费税政策

阿塞拜疆生产的酒精、含酒精饮品、烟草制品、雪茄、石油原料、轻型车辆、休闲运动游艇以及其他娱乐性质的漂浮运输工具，需缴纳消费税。根据产品的不同，从价或从量征收消费税。石油原料的消费税税率为出厂价格的3%~72%不等；汽车、休闲运动游艇以及其他娱乐性质的漂浮运输工具，其进口消费税为0.20~40马纳特，主要取决于发动机体积。食用酒精为2马纳特/升，白兰地及其他白兰地产品6马纳特/升，伏特加、烈性饮料和其他类似高酒精含量饮料2马纳特/升，起泡酒2.5马纳特/升，葡萄酒及其原材料0.1马纳特/升，啤酒及其他含啤酒饮料（无酒精啤酒除外）0.2马纳特/升。烟草及其替代品制成的香烟4马纳特/千支，雪茄和小雪茄10马纳特/千支。

（三）关税政策

关税具体分为进口关税和出口关税。

进口关税多为从价税。现行进口商品关税税率分为0、0.5%、1%、3%、5%、10%和15%七个等级，平均税率为5.7%~5.8%。对临时进口商品免征进口关税。但该商品应在规定期限内复运出境并基本保持原貌。外资企业用于在阿塞拜疆企业因法定资本投资而输入阿塞拜疆境内的资产以及外企的外国雇员携带进阿塞拜疆境内的个人物品免征进口关税。对 PSA 下的进口及进口加工复出口一律实行零关税。

出口关税。阿塞拜疆法律规定，对商品出口实行零关税。但金属材料和石灰制品的出口须缴纳专项费用。

除关税外，阿塞拜疆海关还对进出口环节征收海关手续费，税率为货物报关价格的 0.15%。

二、阿塞拜疆的所得税政策

（一）阿塞拜疆的企业所得税政策

居民企业是指根据阿塞拜疆法律设立并从事企业活动的法人实体，或实际管理机构所在地在阿塞拜疆的任何实体。阿塞拜疆居民企业应就其全球所得在阿塞拜疆纳税。

通过常设机构在阿塞拜疆运营的非居民企业应就其来源于阿塞拜疆的收入，扣除归属于该常设机构的费用后纳税。除此之外，非居民企业应就其取得来源于阿塞拜疆的与常设机构无关的总收入纳税。

1. 应纳税所得额的计算

应纳税额=应纳税所得额×税率，企业所得税一般税率为20%。

阿塞拜疆居民企业对其全球收入纳税。收入范围为除免税收入和不征税收入外的所有类型的收入，包括经营收入、资本利得、利息、特许权使用费及特定境外收入等。阿塞拜疆没有单独的资本利得税。处置资本资产所得，列入一般应纳税所得额。

分配给居民企业和非居民企业的股息，依据源泉扣缴的方式缴纳10%的预提所得税。法人收到的股息、红利无须计入应税所得额。

阿塞拜疆居民企业及非居民常设机构对外支付利息，依据源泉扣缴的方式缴纳10%的预提所得税。阿塞拜疆居民企业收到的利息收入应计入应纳税所得额，此前缴纳的预提所得税额可从其法人利润税中抵扣。

阿塞拜疆居民企业及非居民常设机构对外支付的特许权使用费，依据源泉扣缴的方式缴纳14%的预提所得税。阿塞拜疆居民企业取得特许权使用费收入应计入应纳税所得额。

阿塞拜疆居民企业直接或间接持有设立在境外税收优惠国家或地区的企业的股份或投票权超过20%的，相应取得的收入应计入应纳税所得额。税收优惠国家或地区是指税率低于阿塞拜疆税法所规定税率半数或半数以上，或者允许企业对自身财务状况及实际控制权保密的国家或地区。

免税收入。下列收入免征企业所得税：①慈善机构取得的收入（部分营利活动取得的收入除外）；②非商业组织接受的政府拨款、会费和捐款；③国际组织、国家组织和政府间组织取得的收入（部分营利活动取得的收入除外）；④国家权力机关、国家事业机构和地方管理机构取得的收入（部分营利活动取得的收入除外）；⑤阿塞拜疆中央银行及其机构、金融市场监管机构和阿塞拜疆国家石油基金的收入，以及存款保险基金取得的收入；⑥保险金收入；⑦为健康状况不佳者设立的特殊教育机构取得的收入（商业活动取得的收入除外）；⑧根据阿塞拜疆法律，在国家预算中由债务豁免取得的收入等。

税前扣除。通常，与取得收入相关的支出均可在税前扣除。常见税前扣除项目包括以下10类：①折旧。资产的计税基础包含购买、生产、建造、组装、安装及其他增值活动发生的支出。②向境外或关联方贷款所支付的利息可在税前扣除，但以银行间信贷中类似货币和期限的贷款利率为限。无同类信贷的，利息扣除不得超过阿塞拜疆中央银行公布的银行间信贷拍卖利率的125%。③因销售货物、劳务和提供服务产生的坏账，若相关收入在以前已计入总收入，且已作坏账核销，可以税前扣除。④财产税、土地税、矿业税可税前扣除。⑤境外分支机构提供商品和服务而向其支付的市场公允价格支出，可税前扣除。⑥修理费支出扣除限额为上年年末该类固定资产计税基础的减计额。房屋建筑物的扣除限额为2%。机器设备的限额为5%。其他固定资产的扣除限额是3%。超过限额的，视同相应类别固定资产余额的增加。⑦实际差旅费用扣除限额由内阁决定。⑧从事保险活动的企业可在法律规定限额内扣除保险准备金。⑨从事特定银行业务的银行和信贷机构设立的特别储备基金可在税前扣除，具体扣除细则视资产类别和有关行政规定的程序而定。⑩与取得收入有关的项目研发、实验设计等支出（购置固定资产支出、安装费用和其他资本性支出除外）可以扣除。

不可扣除的支出包括慈善捐赠支出、因延迟缴纳税款而受到经济制裁或税收滞纳金、资产化支出、与商业活动无关的支出、业务招待性质的支出（如餐费、住宿费及其他社交费用）。

亏损弥补。净亏损可向后结转至多五年，用于弥补未来年度收益，但不能向前结转。

2. 税收征管

阿塞拜疆没有合并纳税相关规定，各纳税人应履行自身纳税义务。

在阿塞拜疆经营的所有实体必须在每个季度结束后的第15天之前预付公司利润税。每笔预付款必须至少等于上一个纳税年度的应付所得税的四分之一。另外，可以通过将公司在该季度的收入乘以公司上一年的有效税率来确定预付款的金额。有效税率等于税收占收入的百分比。如果在纳税年度结束时确定预付款总额超过了当年应缴税款，则超出部分可记入未来税款贷方或退还。但实际上，税务机关很少退款。因此，实体通常将多付款项记入未来税款。

允许居民企业将其境外收入支付的税款用于抵免其阿塞拜疆应纳税款。境外税收抵免数额仅限于在阿塞拜疆同等收入所应缴纳的税额。

（二）阿塞拜疆的个人所得税政策

阿塞拜疆居民对来自全世界的收入征税，非居民只对来自阿塞拜疆的收入征税。如果个人在一个日历年内在阿塞拜疆停留了183天或以上，则被视为居民。

1. 计税收入

（1）就业收入。应税的就业收入包括所有的报酬，无论是现金还是实物，但下文讨论的某些小的例外情况除外。以外币收到的收入按收到收入之日阿塞拜疆中央银行的官方汇率折算成阿塞拜疆马纳特。雇主为其18岁及以下的雇员子女提供的教育津贴，应在所得税和社会保障方面纳税。

（2）自营收入。对个人的年度自营职业收入征税，即总收入减去赚取收入的费用。

（3）非就业收入。证券和存款的利息、版权、特许权使用费和租金收入都要纳税。

（4）资本收益。在阿塞拜疆，出售用于商业目的的大多数有形动产或出售作为纳税人主要居住地至少三年的不动产所获得的资本收益可免纳税。

2. 税收扣除

（1）收入豁免。以下免税措施适用于居民和非居民个人：由雇主支付或重新支付的，在阿塞拜疆租房的费用；雇主支付或报销的伙食费；雇主支付或报销的出差费用。

（2）个人津贴。有三个或三个以上受抚养人的个人，包括23岁以下的学生，每月应纳税收入减少 50 马纳特。

（3）商业减免。可扣除的营业费用包括材料支出、摊销扣除、租赁付款、工资、国家社会保障付款、向雇员提供的治疗营养品、牛奶和类似产品的付款（在规定的范围内可扣除）、利息付款和资本生产资产的维修费用。

3. 个人所得税税率

个人在非油气和非公有制部门从事就业活动，自 2019 年 1 月 1 日起，按以下税率缴纳税款。月应税收入不高于 8000 马纳特的，税率 0。高于 8000 马纳特，适用税率 14%；个人在石油和天然气及公共部门就业的，获得月应税收入不高于 2500 马纳特的，适用税率 14%，且月工资 200 马纳特可免于纳税。高于 2500 马纳特的，适用税率 25%。

4. 遗产税与赠予税

阿塞拜疆不征收遗产税与赠予税。用于教育和医疗的赠予或物质援助的价值在 1000 马纳特以内免征所得税，而用于国外医疗的物质援助价值在 2000 马纳特以内免征所得税。遗产价值不超过 20000 马纳特的，免征所得税。从家庭成员那里得到的礼物、物质援助和遗产可无限制地免征所得税。

三、阿塞拜疆的其他税收政策

社会保障费。阿塞拜疆的社会保障费主要由三部分组成，强制性社会保险、失业保险和强制医疗保险。

从 2019 年 1 月 1 日起，一般员工（石油、天然气和政府部门除外）的强制性社会保险缴费率如下表 3-1 所示，为期 7 年。

表 3-1　阿塞拜疆一般员工社会保险缴纳比例

收入额	雇员缴纳比例	雇主缴纳比例
200 马纳特以下	3%	22%
超过 200 马纳特	6+10%×超过 200 部分	44+15%×超过 200 部分

对于石油和天然气及政府部门雇员，强制性社会保障标准费率为雇员 3%，雇主 22%。所有外国雇员都要按这些费率缴纳社会保险费，但具有外交身份的人和根据公共服务协定工作的外籍雇员除外。作为自然人的企业家应按不同的费率缴纳社会保险费，费率取决于这些企业家的活动类型和经营区域。

从 2018 年 1 月 1 日起，《失业法》已经颁布，每个雇主和雇员将承担 0.5% 的月薪总额的失业保险。失业保险金的数额取决于保险记录的长度和过去的平均月薪金额。

阿塞拜疆的强制医疗保险从 2021 年 1 月 1 日起生效。收入不超过 8000 马纳特部分，雇员和雇主支付比例均为 2%，超过 8000 马纳特部分，双方支付比例均为 0.5%。从 2021 年 1 月 1 日到 2022 年 1 月 1 日，非国有和非石油部门雇员将享受 50% 的折扣，强制性医疗保险雇员雇主支付金额为所赚取收入的 1%，最高为 8000 马纳特。

财产税。阿塞拜疆对个人及企业拥有的动产和不动产均征收财产税。

企业的应税资产按照年均账面价值的 1% 计算缴纳财产税；个人的应税房屋建筑物按照每平方米 0.1~0.4 马纳特计算，不同地区的税率不同。在巴库市，税率为每平方米 0.4 马纳特。此外，位于住宅区的财产，仅就其超过 30 平方米的部分计算缴纳财产税。在巴库市，计算财产税还应乘以 0.7~1.5 的系数。

土地税。阿塞拜疆对个人及企业拥有或使用的土地征收土地税。政府可能对公用、政府所有或使用的土地免征全部或部分土地税。

登记且用作农业用途，或无法用作灌溉、复垦和其他农业用途的土地，税率0.06马纳特/百平方法。具体常规单位面积大小由各地行政当局根据土地目的、位置和土壤质量自行决定；登记却不用作农业用途的土地，税率为2马纳特/百平方米。工业、建筑、运输、通信、贸易、住宿及其他特定用途的土地，根据不同地区，按每平方米0.1~20马纳特纳税。

四、阿塞拜疆的涉外税收政策

从阿塞拜疆获得的不属于阿塞拜疆非居民常设机构的收入按以下税率缴纳预提税：居民企业支付的股息：10%；居民、非居民常设机构或代表此类常设机构支付的利息（支付给居民银行或非居民银行常设机构的利息除外）：10%；动产和不动产的租赁费：14%；特许权使用费：14%；风险保险或再保险支付：4%；电信或国际运输服务：6%；其他来自阿塞拜疆的收入：10%；支付给低税率地区的款项：10%。

如果居民企业或非居民的常设机构收到在阿塞拜疆支付源头应纳税的利息、特许权使用费或租赁费，阿塞拜疆有权考虑从支付源头扣除税款。直接或间接支付给"税制优惠"国家的，被认为是来自阿塞拜疆的收入，需缴纳10%的预提税。

截至2021年1月1日，阿塞拜疆已经和52个国家签订税收协定。符合持股条件和资本持有条件，股息预提税税率5%的有：奥地利、比利时、克罗地亚、丹麦、爱沙尼亚、芬兰、德国、科威特、拉脱维亚、立陶宛、卢森堡、荷兰、罗马尼亚、圣马力诺、沙特阿拉伯、斯洛文尼亚、瑞典、越南。股息预提税税率7%的有：韩国、卡塔尔、沙特阿拉伯。股息预提税税率8%的有：保加利亚、捷克共和国、希腊、匈牙利、马其顿、马耳他、摩尔多瓦、斯洛伐克。利息预提税税率为0的有：波黑、保加利亚、加拿大、芬兰、匈牙利、马其顿、黑山共和国、荷兰；利息预提税税率为5%的有：瑞典、捷克共和国；利息预提税税率为7%的有：保加利亚、科威特、卡塔尔、沙特阿拉伯、乌克兰；利息预提税税率为8%的有：斯洛文尼亚、罗马尼亚、马耳他、马其顿、斯洛伐克、匈牙利、希腊、丹麦。中国与阿塞拜疆双方税收协定中，股息、利息及特许权使用费预提税税率均为10%。中国和阿塞拜疆有间接抵免，无税收饶让。

阿塞拜疆税法引入了跨国公司的概念，并为这些公司规定了相应的报告义务，自2020年1月1日起生效。跨国公司是指居住在两个或两个以上国家的公司集团或通过其常设机构运营的公司集团。跨国公司包括企业的子公司和附属机构，以及分支机构和代表处。如果此类公司集团在本财政年度的总收入超过相当于7.5亿欧元（EUR）的马纳特，则企业以及属于该集团的阿塞拜疆居民必须使用适当的模板进行报告。

阿塞拜疆有受控外国企业规定。阿塞拜疆居民企业直接或间接持有设立在境外税收优惠国家或地区的企业的股份或投票权超过20%的，相应取得的收入应计入应纳税所得额。其中，税收优惠国家或地区是指税率低于阿塞拜疆税法所规定税率半数或半数以上，或者允许企业对自身财务状况及实际控制权保密的国家或地区。受控外国企业所得应全部包含在其境内居民企业母公司的应税所得中。此外，任何向低税率地区支付的款项均需缴纳10%的预提所得税。

阿塞拜疆转让定价规则遵循独立交易原则，任何关联方交易应当基于独立交易，即按照公允价值进行。下列交易各方之间的交易价格通常受到阿塞拜疆税法约束：一个居民和一个非居民的关联方关系；一个非居民的实体企业与该非居民或该非居民在其他国家的任何代表处、分支机构或其他单位；一个居民和/或一个非居民的常设机构和在一个具有优惠税制的国家设立注册的法人。为了进行可比性分析，转让价格会根据下列五种方法进行判断：可比不受控制的价格法；转售价格法；成本加成法；可比利润法；利润分割法。

阿塞拜疆有资本弱化的规定。超过股本2倍的国外借款的应计利息将不能在利得税中扣除（不适用于银行和信贷机构）。此外，税法规定，从海外和/或关联方收到的贷款利息可以扣除，但仅限于银行间信贷类似货币和期限的贷款利率。在没有这种类似利率的情况下，扣除的利息不得超过阿塞拜疆中央银行公布的银行间类似利率信贷利率的125%。

风险纳税人和无实质内容的交易。有风险的纳税人和无实质内容的交易的概念是阿塞拜疆税务机关新引入的，并于2020年1月1日起生效。非实质内容交易是指在税务控制过程中发现的、旨在掩盖另一项交易的操作，实际上是在没有提供货物、工程和服务的情况下产生利润。

税法对风险纳税人的征税问题做了如下规定：有关高风险纳税人的信息不被视为商业秘密；税务机关有权进行特别税务审计和操作性税务控制。

与无实质内容的交易有关的文件以及由风险纳税人发出的电子交货单将不被视为增值税抵扣的依据。就企业所得税而言，风险纳税人交付的货物价值将根据市场价格和相关信息来计算。

第四节 亚美尼亚的税收政策

在亚美尼亚,企业缴纳的税种主要包括企业所得税(也称作"利润税")、增值税、消费税和财产税等,同时满足特定条件的企业也可以选择简易纳税。个人除缴纳个人所得税以外,还主要缴纳不动产税。在特定情况下,个人可能还需缴纳增值税和消费税。德拉姆是亚美尼亚的法定货币,代码为 AMD。

一、亚美尼亚的流转税政策

亚美尼亚的流转税政策,这里主要介绍亚美尼亚的增值税政策、消费税政策和关税政策。

(一)亚美尼亚的增值税政策

1. 增值税税率

国内商品和服务销售以及商品进口的增值税标准税率为 20%。

出口货物和相关服务为零税率。如果非居民的营业场所在亚美尼亚境外,则居民纳税人向该非居民提供的广告、咨询、营销、设计、工程、法律、会计、审计、数据处理和其他相关服务均为零税率。大多数金融和教育服务在内的各种服务均免征增值税。具体零税率和免税项目如下。

(1)零税率:亚美尼亚海关边境外的出口;为货物、邮件或乘客提供国际运输服务;对于根据"海关过境"程序进口到亚美尼亚的货物,提供与这些货物从进口海关边境到亚美尼亚出口海关边境的运输直接有关的工程或服务；为国际航班的飞机提供燃料，并为飞机上的工作人员和乘客提供飞行期间消费的物品；在亚美尼亚的免税店为国际航线的乘客提供物品，以及其他纳税人向免税店组织者提供这些货物；为国际运输工具提供维护、修理和重新装备，以及为旅客、行李提供服务。国际航班上的货物和邮件，以及在飞行期间向乘客提供服务；提供与前一项所述服务直接有关的服务（包括机构和中介提供的服务）；为外交代表机构、领事机构和被视为同等的国际组织提供官方使用的货物；在亚美尼亚正式注册的电信运营商或邮政通信运营商向各外国运营商提供服务的交易。

（2）免税项目：在中学、职业学校、中高等教育专业学校提供教育；提供复印书籍、音乐书籍、画册、儿童和学校文学作品和学校教育出版物；销售高等教育机构、专业科学组织和亚美尼亚国家科学院出版的科学和教育宣传物；实施科研方案、基础教育方案以及根据亚美尼亚政府规定的标准，组织教育竞赛、比赛和奥林匹克运动会；提供与学龄前机构的儿童照料、寄宿学校、儿童之家、残疾儿童和残疾人照料机构以及养老院的人员照料有关的服务，以及提供在这些机构照料下生活的人员所生产的商品和提供的服务；销售报纸和杂志；非政府组织、慈善组织和宗教组织无偿提供商品或服务；提供保险和再保险；提供养老保险；提供假肢和矫形器、医疗援助服务以及预防企业和组织的病人在医疗援助范围内准备的与治疗有关的物品；水使用协会销售灌溉用水；非烟草产品制造商或进口商的纳税人销售烟草产品；建设赌场、组织赌博；供应亚美尼亚政府指定清单中所列的宝石和半成品宝石；外国、国际政府间组织、国际组织、外国组织和亚美尼亚公共组织、宗教组织和类似组织以及个人捐助者在人道主义援助和慈善项目范围内提供的货物和服务，以及亚美尼亚增值税纳税人提供的与执行这些项目直接相关和必不可少的货物和服务；向自由经济区的组织者和经营者提供服务，并在自由经济区的领土上提供货物；在补贴、补助金和赠款项目范围内进行的交易，这些项目须得到亚美尼亚政府成立的专业委员会的认可。

2. 增值税计税的主要内容

增值税应税交易包括销售货物、提供服务、进口货物及为满足私人需求提供货物和服务而未收取对价的行为。销售货物是指通过签署合同并支付对价进行的货物交换。提供服务是指其他不属于销售货物的交易行为，包括无形资产转让、动产及不动产的租赁。

在亚美尼亚从事经济活动的纳税人一般可从销项税中扣除进项税。进项税包括以下内容：报告期内在亚美尼亚购买或收到的货物、工程和服务的供应商开具的税务发票上注明的增值税额；根据海关程序向亚美尼亚海关或税务机构支付的增值税额。

报告期内进项税额超过销项税额的部分可以结转，并在以后的报告期内抵扣销项税额。

在下列情况下，不得抵扣进项税额：相关货物、产品或服务与企业的生产经营活动无关；属于免征增值税、不征收增值税或参照特殊税制交易的进项税额；开具税票时未实际提供货物、工程或服务；开展创业活动的人员不属于增值税纳税人；认定为无效的交易缴纳了增值税；购进或进口乘用车，但为转售或提供汽车租赁服务而购进的汽车除外。

3. 增值税的税收征管

在亚美尼亚境内开展经营活动并登记为增值税纳税人的单位和个人，为增值税纳税义务人。对于年营业额超过 1.15 亿德拉姆的企业或在 2015 年 1 月 1 日至 2015 年 6 月 30 日期间营业额超过 5835 万德拉姆的企业应登记为增值税纳税人。自 2019 年 1 月 1 日起，增值税登记门槛将降低至5830万德拉姆，即如果2019年期间纳税人营业额超过5830万德拉姆，就应登记为增值税纳税人。

未设立常设机构的非居民企业向亚美尼亚境内增值税纳税义务人提供服务，则适用增值税反向征收机制（VAT Reverse Charge），即在增值税反向征收方式下，亚美尼亚境内的服务接受方（"扣缴义务人"）在向非居民企业支付的款项中代扣代缴增值税。

（二）消费税政策

应征收消费税的货物：酒精（不包括白兰地酒）；啤酒；葡萄酒；烟草制品（包括烟草替代品、雪茄、香烟）；润滑油；汽油；柴油；原油；石油产品；石油气；其他碳水化合物（不包括压缩天然气）；压缩天然气。

以下商品免征消费税：出口货物；自然人进口的总价值不超限额的货物；暂时进口进入亚美尼亚境内的货物。

（三）关税政策

一般而言，在亚美尼亚，纳税人从国外进口货物则需要缴纳关税。

亚美尼亚于2015年1月1日加入欧亚经济联盟（EEU），并因此加入欧亚关税联盟。亚美尼亚的关税税率采用欧亚经济联盟下属关税联盟中列示的关税法典。但亚美尼亚可对超过800项物品按照亚美尼亚本国关税税率（在2015年1月1日前生效的关税税率）征收关税。

二、亚美尼亚的所得税政策

（一）亚美尼亚的企业所得税政策

亚美尼亚向居民企业的全球收入征税，向非居民企业来源于亚美尼亚的收入征收所得税。通过亚美尼亚常设机构赚取的收入，扣除可抵扣的税费后，按18%的常规企业所得税税率纳税。常设机构是在亚美尼亚，经税务机关认可的企业活动的固定营业场所。它通常包括代表在亚美尼亚进行商业活动的外国法人的组织或自然人。在没有常设机构的情况下从亚美尼亚来源获得收入的外国法人实体，应对其亚美尼亚来源的收入按5%、10%或20%的税率缴纳预提税。

企业所得税的一般税率为18%。在亚美尼亚注册的投资基金（不包括养老基金和担保基金）以及证券化基金的所得税税率为0.01%。中小型企业通常无须缴纳所得税和增值税，它们需缴纳营业税。从事某些活动的个体工商户和法人实体应支付许可费，而非所得税。在此项制度下，纳税人根据地点和业务活动的相关数据支付固定金额的费用。

1. 应纳税所得额和应纳税额

应纳税所得额是指纳税人的总收入与可抵扣费用之间的正差额。应纳税额=应纳税所得额×税率。所得税的一般税率为18%。

（1）年度总收入包括所有类型的收入，包括销售货物、承揽工程和提供服务取得的总收入，还包括但不限于以下：①资本收益；②亚美尼亚实体收到的来自非居民派发的股息；③利息收入；④特许权使用费收入；⑤自境外取得的收入；⑥其他收入。

（2）税前扣除。纳税人拥有的可使用固定资产，应当采用直线法计提折旧。各类固定资产（基于初始价值）的最短折旧期限1~20年不等。无形资产也应采用直线法进行摊销，摊销年限以该无形资产的有效经济寿命或十年（二者孰短）为限。土地一般不允许计提折旧。用于改造土地所发生的资本性支出，可在8年内计提折旧。

贷款利息支出，在不超过按照亚美尼亚中央银行同期贷款利率两倍以内计算的利息支出，准予在计算应纳税所得额时扣除。向非银行企业支付的贷款利息支出，区分两种情况：①支付方为非金融企业，利息支出在不超过企业公历年年末净资产两倍的范围内,准予在计算应纳税所得额时扣除;②支付方为银行或贷款机构,利息支出在不超过企业公历年年末净资产9倍的范围内,准予在计算应纳税所得额时扣除。

除下列情况外,租赁费一般可扣除:①若纳税人将租赁的固定资产或无形资产提供给其他纳税人免费使用,纳税人租用固定资产或无形资产的费用不予扣除;②纳税人租用固定资产或无形资产的租赁费,超过将其转租给其他纳税人所收到的租赁费的部分,不予扣除。

如果纳税人根据超出付款日期的情况,按照以下比例计提坏账,则坏账可在所得税税前扣除:①90天内:0;②91~180天:25%;③181~270天:50%;④271~365天:75%;⑤超过365天:可以扣除低于10万德拉姆的坏账。对于更高金额的债务,企业需要先通过法院追讨债务。若追讨失败,债务则可能在税前扣除。商誉及商誉减值损失的支出不可扣除。

援助费用、为个人提供食物、组织社会文化活动发生的费用,最高可扣除总收入的0.25%。向非商业组织、图书馆、博物馆、公立学校、寄宿家庭、疗养院、孤儿院和医院提供的资产、工程和服务所发生的成本,不超过总收入的0.25%的部分可税前扣除。

不可抵扣的费用:转入国家和市级预算的罚款和其他专项制裁;无偿提供的资产、工程和服务以及已免除债务;根据融资租赁资产提供方的固定资产的折旧费;可从总收入中扣除收入的有关的支出;增值税、消费税和环境税;对于银行和信贷组织以外的纳税人来说,如果这些借款或贷款是由纳税人无息提供给第三方的,为贷款和借款所支付的利息不可扣除;如果纳税人将资产提供给第三方免费使用,则为租赁资产支付的费用不可抵扣。

(3)亏损弥补。居民企业的亏损可在此后五个年度内结转。亚美尼亚法律不允许将亏损结转至以前年度。

（4）分支机构的收入。分支机构的收入也应缴纳所得税。在亚美尼亚，对分支机构除征收所得税外，没有开征其他特殊的分支机构所得税。当非居民企业在亚美尼亚通过分支机构（或代表处）开展业务并为该分支机构保留单独的会计记录时，应纳税所得额一般应按与居民企业相同的基础确定。注意，非居民分支机构从亚美尼亚居民企业收到的股息也需纳税。

亚美尼亚对于为参与联络活动而设立的非商业代表处没有特别的税收规定。这些办事处需缴纳正常的企业所得税，但如果这些办事处进行的活动不足以被认定为国外实体的常设机构，则可根据相关税收协定享受免税优惠。

2. 税收征管

通过常设机构在亚美尼亚开展商业活动的亚美尼亚和外国法律实体都必须在当年预付企业所得税。它们必须在每季度最后一个月的20日之前，按季度预付上一年度企业所得税实际数额的20%。通过常设机构在亚美尼亚开展商业活动的亚美尼亚和外国法律实体，如果在本纳税年度3月20日前向税务当局提出申请，选择预付企业所得税的替代方法，则可按季度预付公司所得税，数额为上一季度提供货物和服务收入的2%。

如果预缴税款的总和超过了纳税年度的应纳税额并且纳税人申请退税，则将超出的部分退还给纳税人。但在实际操作中，退税的情况很少，相应地，纳税人将多缴的税款用于抵扣未来的税款。

年度企业所得税计算必须在纳税年度的次年4月20日前向税务稽查部门申报并提交。企业所得税必须在纳税年度的次年4月20日前上缴国家预算。

滞纳金的罚款按每天延迟的 0.075% 的税率收取,最长 730 天。如果纳税人未能在到期之前向税务局提交企业所得税申报表,则每 15 天对纳税人处以相当于计算税额总额 5% 的罚款。罚款总额不得超过本金税额的总额。对于应纳税所得额少报的情况,应向纳税人征收相当于少报额 50% 的罚款。

(二) 亚美尼亚的个人所得税政策

居民个人须对其全球收入缴纳所得税。非居民个人只需对来自亚美尼亚的收入缴纳所得税。个人如果满足下列条件之一,即被视为居民:在本纳税年度(与日历年相同)在亚美尼亚累计居住 183 天或以上;重要利益中心(一个人的家庭或经济利益所在地)在亚美尼亚。为了确定居住身份,个人作为亚美尼亚公务员在国外居住的天数被视为在亚美尼亚居住的天数。

1. 应税收入

雇佣工作收入。应税的工作收入包括各类报酬或福利,不论是以现金或任何其他形式获得,但某些可以豁免。

自营收入。企业所得税的征收对象是个体工商户的年收入,即收入总额减去有助于产生收入的费用(不可抵扣的部分费用除外)。

董事费。董事费计入应纳税所得额。

投资收入。对个人从存款中获得的利息收入和其他补偿收入征收 10% 的预扣税。亚美尼亚国库债券和其他国家证券产生的利息不应纳税。亚美尼亚公民收到的红利收入须缴纳 5% 的所得税。外国公民收到的股息收入须缴纳 10% 的所得税,上述税款在源头预扣。

股票期权。雇主提供的股票期权是应税福利。

资本收益和损失。资本收益在实现时需要缴纳常规所得税。未实现的资本收益不需要缴税。某些类型的活动所产生的资本收益,如出售股票和其他特定类型的财产,如满足免税条件,可免缴所得税。个体工商户可将资本损失与资本利得相抵销。如果资本损失不能在发生的当年抵销,可以结转到下一个五年中抵销总收入。

2. 税收扣除

纳税人可以扣除所有与业务有关的、有据可查的费用(例如,材料费、折旧费、租赁费、工资薪金以及支付的利息),但不可扣除或部分扣除的费用除外。

不可抵扣或部分抵扣的费用包括但不限于以下内容:①超过亚美尼亚税法规定标准的商务旅行费用;②超过纳税年度总收入0.5%(但不超过500万德拉姆)的代表费用;③已转入州、市预算的罚款、罚金和其他专款处罚;④无偿提供或免除债务的资产、工程和服务;⑤与创造收入有关的免征所得税的支出;⑥年利率超过规定限额24%的借贷利息;⑦超过税法规定标准的管理服务费用;⑧资助、提供给个人的食品、组织社会文化活动以及类似费用,在扣除费用之前超过应纳税所得额0.25%部分的资助个人支出、组织社会文化活动支出以及类似费用。

3. 个人所得税税率

按月应税收入不同适用不同累进税率:不超过15万德拉姆部分按适用23%的税率,15万~20万德拉姆部分收入适用28%的税率,超过200万德拉姆部分适用36%的税率。

4. 遗产税、赠予税及其他

亚美尼亚不征收遗产税、赠予税、财富税和净资产税。

三、亚美尼亚的其他税收政策

社会保障费。自2014年7月1日起,社会保障费的强制性缴款适用于1974年1月1日(含)之后出生的亚美尼亚公民和外国公民。但是，在公共部门工作的雇员和截至 2014 年 7 月 1 日未受雇的雇员不得拒绝缴纳社会保险费。

职工缴费自 2018 年 7 月 1 日起，1974 年 1 月 1 日以后出生的所有职工、公证员和个体工商户都应当缴纳公积金。

2020 年 7 月 1 日至 2020 年 12 月 31 日期间，普通受雇人员养老金缴款应按以下方式计算：如果低于 50 万德拉姆，则为每月总工资的 2.5%。如果月总工资超过 50 万德拉姆，则为月总工资的 10%（但不超过最高门槛）减去 3.75 万德拉姆。从 2021 年 1 月 1 日至 2021 年 12 月 31 日，养老金缴款将按以下方式计算：如果低于 50 万德拉姆，则为每月总工资的 3.5%。如果月总工资超过 50 万德拉姆，则为月总工资的 10%（但不超过最高门槛）减去 3.25 万德拉姆。从 2022 年 1 月 1 日至 2022 年 12 月 31 日，养老金缴款将按以下方式计算：如果低于 50 万德拉姆，则为每月总工资的 4.5%。如果月总工资超过 50 万德拉姆，则为月总工资的 10%（但不超过最高门槛）减去 2.75 万德拉姆。

个体企业家应按以下比率缴纳社会保障费：年基本收入不超过 600 万德拉姆的企业家，应按月缴纳总收入的 5% 的社会款项。如果个人企业家的年总收入超过 600 万德拉姆，应扣留收入的 10% 和 30 万德拉姆的差额。

房地产税。对个人和个体工商户而言，土地、建筑物和构筑物都要征收房地产税。建筑物和建设物包括以下内容：住宅建筑单位、多层住宅建筑、住宅建筑的非住宅区、在地块上建造的用于停放车辆的独立建筑、公共用途建筑、生产用途建筑、未完工（半成品）建筑单位、新建或经地籍机构登记和评估的改建房地产。

农业用地的房地产税税率为地籍评估确定的净收入的 15%，非农业用地的房地产税税率为地籍评估确定的净收入的 0.5%～1%。建筑物和构造的税基被认为是根据亚美尼亚税法规定的程序评估的地籍价值。建筑物和构造的房地产税率从0%~1%不等。

车辆税。应税车辆包括：机动车、水车、雪地车、四轮车、摩托车。车辆的税基是发动机功率（马力或千瓦）。机动车的车辆税按车载最大人数和功率适用不同的税率。使用3年以内的机动车，按100%计算车辆税。使用3年以上的机动车，从第三年起，每年减征10%的车辆税，但减征总额不得超过税额的50%。使用时间从机动车生产之日起计算。

环境税。环境税是为了实施环境措施，创造必要的资金而向国家缴纳的一种税。环境税的征收对象：大气污染物的排放；有害物质向水资源的外放；在特别指定地方使用、生产或消费内脏；对环境造成损害的货物。

道路税。道路税是为发展亚美尼亚的道路网而向国家缴纳的一种税。征收道路税的对象：使用亚美尼亚汽车道路，在亚美尼亚境内未登记机动车；使用亚美尼亚汽车道路，在亚美尼亚登记的货运车辆；在亚美尼亚公路上刊登广告；在亚美尼亚境内未登记的进入亚美尼亚使用汽车道路的车辆。

四、亚美尼亚的涉外税收政策

亚美尼亚居民企业在计算应纳税款时，可以抵免其在境外缴纳的所得税税额，以避免国际重复征税。抵免限额不得超过该境外所得按照亚美尼亚相关法规计算的应纳税额。超过抵免限额的税额余额允许抵免以后年度企业的应纳利润税税额。亚美尼亚在税收协定中对境外所得抵免限额进行了规定，抵免限额分国计算。

向非居民支付的款项须按以下税率缴纳预提税：对保险、再保险和运输的付款应按5%的税率缴纳预提税。利息、特许权使用费、财产租赁收入和资本收益（出售证券的资本收益除外）须按10%的税率缴纳预提税，而支付给非居民的股息须按5%的税率缴纳预提税。出售证券的资本收益应按0税率缴纳增值税。从亚美尼亚来源获得的其他收入（来自服务）应按20%的税率缴纳预提税。预提税必须在包括收入支付日期在内的季度后的20天内转入预算，应在报告季度后的第20天之前提交预提税申报表。

截至2022年，亚美尼亚已经和46个国家签署了税收协定。在亚美尼亚与各国签订的税收协定中，满足持股比例和持股期限等要求，股息预提税税率为0的：克罗地亚、塞浦路斯、爱尔兰、荷兰、西班牙、瑞典。股息预提税税率为3%的：阿联酋。利息预提税率为0的：阿联酋。利息预提税率为5%的：塞浦路斯、芬兰、德国、科威特、荷兰、波兰、卡塔尔、西班牙、瑞典、英国。特许权使用费预提税税率为0的：乌克兰、俄罗斯；特许权使用费预提税税率为5%的：奥地利、克罗地亚、塞浦路斯、格鲁吉亚、希腊、匈牙利、印度尼西亚、伊朗、爱尔兰、黎巴嫩、卢森堡、荷兰、卡塔尔、斯洛伐克、斯洛文尼亚、瑞典、瑞士、阿联酋、英国。

中亚税收协定中，股息预提税税率有5%和10%两档，利息预提税和特许权使用费预提税税率均为10%，有间接抵免。中国居民从亚美尼亚的所得，按照协定规定在亚美尼亚缴纳的税额，可以从对该居民征收的中国税收中抵免。但是，抵免额不应超过对该项所得按照中国税法和规章计算的中国税收数额。

亚美尼亚没有受控外国公司规则，没有资本弱化规则。但是，对于利息费用的扣除有一定的限制。一般来说，如果相关债务用于资助纳税人的商业活动，利息是可以扣除的。然而，以下项目不能从总收入中扣除：①贷款和信贷的部分利息（包括在金融租赁合同框架内计算的利息金额），超过亚美尼亚中央银行在纳税年度12月31日规定的结算利率的两倍。目前可扣除的利率上限为24%。②从非银行和非信贷实体吸引来的贷款的年利息部分，高于纳税人（不包括银行和信贷组织）在会计年度最后一天的权益的2倍正数，或高于纳税人（是银行或信贷组织）在会计年度最后一天的权益的9倍正数。如果在会计年度的最后一天权益为负数，从非银行和非信贷组织吸引的贷款利息不应从总收入中扣除。

亚美尼亚转让定价规定于2020年1月1日生效。以前亚美尼亚没有转让定价立法。亚美尼亚税法界定了转让定价控制的范围，引入了公平交易原则和转让定价方法，定义了分析转让定价的信息来源，确定了转让定价文件要求，并制定了其他重要规定。转让定价规定针对的是关联方之间的交易以及与避税天堂的交易，适用于任何报告年度受控交易总额超过2亿德拉姆的纳税人。

对于转让定价规则的应用，亚美尼亚税务机关将重点关注以下税款的计算和支付的完整性：企业所得税、增值税、矿产使用费税；受控交易的转让定价文件应不迟于纳税期次年的4月20日提交税务机关；纳税人应当自收到纳税人书面通知之日起30个工作日内，向税务机关提交载有与关联方的受控交易的详细说明和所采用的分析方法的文件。

第五节 摩尔多瓦的税收政策

摩尔多瓦税种主要有企业所得税、增值税、消费税和财产税等。摩尔多瓦货币为列伊（MDL）。

一、摩尔多瓦的流转税政策

摩尔多瓦的流转税政策，这里主要介绍摩尔多瓦的增值税政策、消费税政策和关税政策。

（一）摩尔多瓦的增值税政策

1. 增值税税率

增值税税率可分为：标准税率20%；低税率8%和12%；免税及零税率。除特定项目明确规定了适用优惠税率或可享受免税之外，所有的商品销售或提供劳务行为都适用于增值税标准税率。

摩尔多瓦的增值税标准税率目前为20%。它一般适用于当地的货物和服务供应，以及通过反向收费机制进口货物和服务。除上述情况外，某些类型的供应品还适用较低的增值税税率。自2021年1月1日起，提供公共住宿和餐饮服务的实体提供的住宿服务、食品、饮料的增值税税率由15%降至12%。具体项目如下所示。

适用税率8%的商品和劳务包括但不限于：①烘焙食品；②乳制品；③农产品；④药品；⑤在摩尔多瓦生产以及进口至摩尔多瓦的天然气和液化气；⑥在摩尔多瓦境内饲养、屠宰、加工或出售的植物制品和园艺产品、天然农产品；⑦在摩尔多瓦境内生产、进口或出售的甜菜糖；⑧用于生产摩尔多瓦境内电力、热力和热水的固体生物燃料，包括为生产固体生物燃料的某些原材料以及固体生物燃料所产生并供给公共设施的热力。

适用税率12%的商品和劳务包括但不限于：由归属于摩尔多瓦经济活动分类中第一类的经济主体提供的各种类型住宿服务，包括酒店公寓、汽车旅馆、旅游别墅、平房、旅游养老、农业旅游、露营、度假村或度假营服务。

适用增值税零税率（可抵扣）的商品和劳务包括但不限于：①出口商品和劳务；②国际客运和货运；③电力和热能；④公共供水；⑤为自由贸易区所提供的商品和劳务。

不可抵扣的免税的商品和劳务包括但不限于：①住房；②土地；③汽车；④根据政府批准的特殊规定，计入股本的长期有形资产；⑤拖拉机和其他农用机械；⑥儿童食品；⑦金融服务；⑧教育服务；⑨保险业；⑩博彩；⑪书籍和期刊。

从2020年4月1日起，外国向摩尔多瓦个人提供的数字服务（B2C交易）在摩尔多瓦征收20%的增值税。

2. 增值税计税的主要内容

购置货物和/或服务发生的进项增值税可以抵扣，但前提是增值税登记纳税人在其经营活动中为执行应税供应品而发生的进项增值税。如果进项税额涉及用于执行混合供应品（应税和免税供应品）的采购，则允许按比例扣除进项税额。在申报增值税进项税抵扣时一般需要取得合规的发票或海关文档。在买方已经将这些购进凭证记录到会计账簿的纳税期间，可以行使进项抵扣的权利。

不可抵扣的进项税额。外购的用于非生产经营相关（如用于纳税人的个人消费）的商品或劳务的增值税进项税额不能抵扣。此外，某些业务支出的进项税额也不能抵扣。常见不能抵扣进项税的项目：①个人消费；②遗失、盗窃或毁损的商品成本；③所得税上不允许扣除的支出；④商业礼品；⑤坏账（商品或劳务的购买方从未向提供方支付过款项）；⑥公司管理层用车相关的修理、维护和运营支出，除法规特定限制外。

增值税退税。如果公司登记的可抵扣进项税额超过其销项税额，只有在公司开展特定范围的业务活动（如出口供应、国际运输服务、面包和乳制品生产、租赁活动）时，才可以退还部分余额。否则，这些增值税额可以结转到下几个月，与公司未来的应交增值税相抵销。

此外，在摩尔多瓦进行资本投资的增值税纳税人有权退还与此类资本投资相关的可收回增值税，条件是此类资产用于产品制造、服务供应和工程实施。

3. 增值税的税收征管

如果公司在过去连续 12 个月内的总营业额达到 120 万摩尔多瓦列伊的门槛，则必须进行增值税登记。此外，如果公司只打算进行应税供应，也可以自愿进行增值税登记。

所有以增值税为目的注册的增值税纳税人都必须提交电子纳税申报表。应交增值税必须在报告后一个月的 25 日之前按月申报和结算。

自 2020 年 4 月 1 日起，通过电子网络向摩尔多瓦居民个人提供服务或通过电子网络支付服务费用的非居民法人实体，必须在国家税务局的电子系统中遵循简化的登记程序。随后，他们必须在每个季度下个月的 25 日之前计算、报告和支付相关的增值税额。

一般来说，纳税人需要为已实施的供应品开具增值税发票，并根据一套特定的规则，在相应的增值税分类账中详细记录其采购的供应品。

自 2021 年 1 月 1 日起，纳税人在公开收购范围内执行供货的，必须开具电子税务发票（除电力、热力、天然气、电子通信服务和公用事业的供货外）。

（二）消费税政策

消费税适用于汽车、烟草、酒精、汽油和润滑油以及其他货物的生产和进口。税法中规定了每类应征货物的特别消费税率。这些税率的变化很大，是根据多种因素确定的。消费税税率一般是以适用于货物价值

85

的百分比或以一定数量的应征货物的固定金额确定的。然而，对于特定类型的应征税品，则适用混合消费税税率。

部分常见应纳消费税的商品适用税率如下：①酒精：104.33 列伊/升无水酒精；②啤酒：2.63 列伊/升；③香烟：540 列伊/1000 支，同时从价征收 13%；④汽油、柴油、液化石油气：2508~5960 列伊/吨；⑤香水：从价征收 30%；⑥汽车：9.56~59.13 列伊/立方厘米；⑦鱼子酱：从价征收 25%；⑧天然皮草服装：从价征收 25%。

除非有特定的豁免规定，否则下列主体须缴纳消费税：在摩尔多瓦境内生产或加工应税货物的任何个人或法律实体；进口应征货物的任何个人或法律实体。

在摩尔多瓦境内生产或加工应税货物的企业或个人必须持有由税务局颁发的消费税证书；个人或企业在向税务机关提交相关申请时，必须附上消费税场所的详细信息。

放置在税务仓库的应税货物的消费税缴纳期限为应税货物从税务仓库发出后的次月 25 日。

（三）关税政策

摩尔多瓦的关税法规通常适用于所有法律形式的企业。根据现行法规，只有摩尔多瓦境内法人实体可以具有进出口资质，境外人员不能从事进出口业务。适用关税法规的人员从事相关业务活动的，必须进行海关登记。

通过销售进口到摩尔多瓦的货物，其海关完税价格一般为其销售价格加上进口货物发生的其他特定成本（如保险费用、运输费用、佣金、特许权使用费和许可证费用）。根据摩尔多瓦海关立法，海关如需估价，一般按照《关税及贸易总协定》的海关估价原则进行。海关价值是根据所提供的六种估价方法（交易价值、相同货物的交易价值、类似货物的交易价值、演绎价值、计算价值和储备方法）之一确定的。如果第一种方法不适用，则应采用第二种方法，依此类推。

在申报海关完税价格时，实际支付的价格或应支付的价格应包括运入摩尔多瓦境内的进口货物的运输费用、保险费用及相关的装运和处理费用，即使这些费用是由买方承担且未包括在实际支付或应付的商品款项中。

二、摩尔多瓦的所得税政策

（一）摩尔多瓦的企业所得税政策

摩尔多瓦居民企业应就其全球收入减去适用的税收扣除和税收豁免进行纳税，非居民企业仅就其在摩尔多瓦取得的收入进行纳税。在摩尔多瓦的非居民企业可能需要缴纳企业所得税或预提所得税。

摩尔多瓦的企业所得税标准税率为12%。资本利得和分支机构适用税率也是12%。如果摩尔多瓦税务局采用间接方法重新评估了与申报的总收入相比的收入金额，则超额部分可能适用15%的公司所得税税率。个体企业家的总收入税率为12%。农业企业的企业所得税税率为7%。未注册为增值税纳税人且符合特定标准的中小公司，可选择对会计核算确认收入总额适用4%的特殊企业所得税制度，但某些类型的收入（如补贴、股息、汇率差额）除外。

1. 应纳税所得额

（1）收入范围

企业所有来源的收入，减去税法规定的可扣除费用和免税额后即为应纳税所得额。企业计算应纳税所得额时，一般可扣除该纳税年度内与其业务活动相关的必要费用。

（2）不征税和免税收入

以下项目不包括在应纳税所得额中：

①为防止不可抗拒的损失而进行的资产置换过程中产生的收入；

②固定资产和其他资产估值及资产减值损失转回所产生的收益；

③来源于经济主体的资本投入以及为弥补财务亏损和净资产负余额的出资；

④通过广告活动获得的奖金，并且单笔不超过2.4万列伊；

⑤税收优惠产生的收入；

⑥法人实体取得的外部资金来源，包括与发展教育和研究相关的项目收入和国际捐赠收入。

（3）税前扣除

一般原则下，只有为合理商业目的而发生的费用才能在税前扣除。

以下费用只能在规定限额内税前扣除：①业务招待费和娱乐费扣除额最高不能超过收入的0.75%；②差旅费的扣除限制需参照当地对于员工代表团的规定；③员工餐费的扣除额每名员工每个工作日最高不能超过45列伊；④员工交通费的扣除额每名员工每个工作日最高不能超过35列伊；⑤提供给员工的餐券的扣除额每名员工每个工作日最高不能超过55列伊；⑥未记录的业务费用，扣除额最高不能超过应纳税所得额的0.2%；⑦固定资产和无形资产发生的折旧/摊销费用；⑧个人医疗保险费用允许按照固定金额计算的强制医疗保险费用的50%限额内税前扣除；⑨租赁的固定资产的维修费用扣除限额为租赁费用的15%；⑩公司管理层使用汽车所产生的汽车折旧费、保养费、行驶费和维修费，仅针对每人每车，并且只用于商业活动的情况下允许扣除；⑪为慈善和赞助目的而发生的现金捐款扣除限额为应纳税所得额的5%；⑫通常，公司管理层允许的限额内可以扣除因残渣、损耗、自然腐烂而产生的费用,但超过摩尔多瓦主管部门出具的清单规定的可允许扣除限额的烟草、乙醇和油类产品的相关费用除外;⑬准备金;⑭低于摩尔多瓦国家银行公布的加权平均利率计算的贷款利息准予在税前扣除;⑮例外情况是对于任何在2020年期间,为对抗新型冠状病毒而向财政部或公共卫生机构进行的货币和非货币形式的捐赠,纳税人有权进行税前扣除。

以下费用不得在税前扣除:①公司创办人和雇员的个人及家庭开支;②资产估值和减值损失;③购置可折旧资产支付的费用;④关联方之间出售或交换资产、开展工作或提供服务造成的亏损;⑤损失是由相关方直接或间接进行的出售或交换财产、提供服务和履行劳务造成的;⑥支付给商业专利持有者的费用;⑦与免税收入相关的费用;⑧其他因违反法律而受到的处罚费用;⑨与经营活动无关的费用;⑩分配给企业的储备金或准备金;⑪因存货、固定资产短缺而产生的费用;⑫公司员工和股东的个人福利费用;⑬支付给关联方的不当费用,包括报酬、利息和租金。

(4)准备金

计提的坏账准备金通常不得税前扣除,但是如果法院裁决认定某公司无法收回其某一项债权,则从所得税的角度,该公司可在税前扣除该笔债权的坏账损失。

(5)固定资产折旧规定

从2020年开始,纳税人应使用直线折旧法计算业务活动中使用的固定资产的税额折旧,而不是以前使用的余额递减法。每项固定资产的折旧记录应分别核算,折旧率按照100%和摩尔多瓦政府批准的固定资产目录中设定的使用年限之比确定。企业应按照政府制定的特别规定进行过渡,从之前的余额递减法转换为直线折旧法。对于2020年1月1日前购入的豪华汽车允许税前扣除的折旧金额不得超过20万列伊。

(6) 弥补亏损

纳税人在纳税年度内发生的经营净亏损可在发生亏损后的五个纳税年度内进行结转抵扣。如果纳税人亏损期超过一年，则将按照损失发生顺序进行结转抵扣。亏损金额不得向以前年度结转。

2. 税收征管

摩尔多瓦纳税年度一般是日历年度。但是，公司可以选择其他纳税年度。如果根据当地会计法规，公司选择的财务报告年度与日历年不同，则公司的纳税年度应与公司的财务报告年度相对应。公司所得税纳税申报表必须在纳税年度的次年3月25日前报送。

如果税务机关没有宣布对企业进行税务审计，那么企业可以提交修改后的纳税申报表，以纠正原纳税申报表中的错误。摩尔多瓦税法中没有关于集团合并纳税的规定，即不允许集团进行合并纳税申报或在集团内部之间弥补亏损。根据摩尔多瓦税法规定，公司可以获得多缴税款的退款，或者用多缴的税款抵销现有或未来的纳税义务。

摩尔多瓦的所有税收必须以列伊支付。为了计算以外币实现的收入的税款，必须使用支付日的官方汇率将收入换算成列伊。

(二) 摩尔多瓦的个人所得税政策

摩尔多瓦居民应就在摩尔多瓦赚取的收入以及从海外金融和投资业务中赚取的收入缴纳个人所得税；非居民需对在摩尔多瓦赚取的收入和在摩尔多瓦工作的海外收入纳税，但来自境外的金融和投资收入除外。摩尔多瓦不根据属地原则适用不同的税率。任何具有个人法律地位的企业，包括独资企业、有限合伙企业、普通合伙企业和农场，也应缴纳个人所得税。

居民是指符合以下条件之一的个人：在摩尔多瓦拥有永久性住所（包括在国外学习或旅行的个人和摩尔多瓦派驻国外的官员）；在任何

一个财政年度内,在摩尔多瓦停留183天或以上。

1. 应税收入

个人在摩尔多瓦赚取的全部含税所得以及从海外金融和投资经营中赚取的收入,减去适用的扣除额和其他免税额后,需要纳税。全部含税所得包括以下项目:①来自创业、专业服务或其他类似活动的收入;②个人提供服务获得的薪资和费用;③雇主支付的现金或实物报酬以及其他所得;④利息;⑤资本利得;⑥特许权使用费和年金;⑦股息;⑧租金收入;⑨律师和其他专业人员获得的收入,包括佣金和其他类型的收入。

(1) 工作收入。应税工作收入包括工资、现金或实物报酬、奖金、奖励、带薪假期、通货膨胀津贴以及专利和商标使用费。应税工作收入还包括日工、临时工领取的工资、支付给私营商业公司董事和经理的费用和报酬以及专业人员(律师、医生和专家)领取的费用。摩尔多瓦税法没有对雇主向其雇员18岁以下子女提供教育津贴的征税问题做出特别规定,因此这种津贴包括在应税收入当中。

(2) 自营收入。获准从事独立活动的个人(商人、手艺人等)所获得的收入以及自营职业和商业活动所获得的收入都要缴纳所得税。

(3) 董事费。支付给董事或董事会成员的费用与工资类似,按个人所得税税率征收。

(4) 投资所得。居民个人在摩尔多瓦银行的存款所获利息在2020年1月1日前无须缴纳所得税。

(5) 雇主提供的股票期权的税务问题。摩尔多瓦税法没有具体规定雇主提供的股票期权的税务问题。

(6) 资本收益和损失。应税资本资产包括:①股票、债券和其他在企业活动中拥有的所有权;②未用于商业目的的私有财产;③土地;

④买卖资本资产获得的期权。任何财政年度的资本收益税基等于该财政年度内所赚取的任何资本收益金额的20%。资本损失只能针对资本收益进行扣除。

2. 税收扣除

可扣除费用：与创业活动有关的费用（营业扣除）；资本损失在资本收益范围内扣除。

（1）个人扣除。所有来源的收入金额都可减去个人扣除。每位纳税人每年可从应税收入中获得2.4万列伊的个人扣除。某些个人有权获得每年3万列伊的个人扣除。这些人包括残疾的退伍军人、退伍军人的父母和配偶，以及童年残疾的个人。

如果个人的配偶无法享受个人的个人扣除额，则该个人还可享受每年1.128万列伊或1.8万列伊的额外扣除额。每名受抚养人每年可获得3000列伊的扣除额，每年可获得1.8万列伊的扣除额，以支持永久性残疾的个人。

（2）营业扣除。在商业活动中发生的费用可从赚取的收入中扣除，但不包括个人和家庭的相关费用。

3. 个人所得税税率

摩尔多瓦的个人所得税标准税税率为12%，农场的个人所得税税率为7%。

4. 遗产税与赠予税

摩尔多瓦不对赠予和继承行为征税。

三、摩尔多瓦的其他税收政策

社会保险从2021年1月1日起，只有雇主必须向社会保障基金缴纳其雇员工资总额、餐票和其他报酬共计24%（有一些例外）的社会保险费。在某些特殊环境下工作的雇员，雇主须为其缴纳工资总额及其他共计32%的社会保险费。对于根据劳动协议在摩尔多瓦就业的外国公民和无国籍人士，社会保险费的计算方法与摩尔多瓦公民类似。

医疗保险从2021年1月1日起，强制性健康保险缴款按工资和其他报酬的百分比计算，税费率定为9%，由员工全额承担。该立法还规定其他类别纳税人每年支付固定金额的健康保险缴款，其金额为每年批准的金额。对于在摩尔多瓦通过劳动协议受雇的外国公民和无国籍人士，医疗保险缴款的计算与摩尔多瓦公民类似。在没有当地劳工协议的情况下，外国公民可以选择私人提供的医疗保险。

（1）财富税。如果满足以下两个条件，对个人在摩尔多瓦拥有的住宅不动产（土地除外）征收0.8%的财富税：①财产的估计总价值等于或大于150万列伊；②财产的总面积等于或大于120平方米。财富税必须在申报年度的12月25日前进行纳税申报。

（2）财产税。财产税是对包括土地、建筑物、公寓和其他不动产在内的财产征税。对建筑物、公寓、建筑物和其他类型的房舍征收的财产税税率从0.05%~0.4%不等，取决于房地产的类型和位置。

（3）地方税。根据企业注册地不同，由当地税务机关征收地方税。地方税无特定法规，且可在企业所得税税前进行扣除。常见的地方税收包括交易单位税、地方发展税和广告投放税。税率如下：

交易单位税：税率取决于交易单位的类型和面积，如集市、超市、大型超市的年税率从每交易单位3600列伊至22000列伊不等，取决于不同交易单位的总面积；

地方发展税：年税率为公司每位员工120列伊；

广告投放税：位于基希讷乌市历史遗产地区的年税率为广告投放物

每平方米1200列伊。该地区外的年税率为广告投放物每平方米1000列伊。

四、摩尔多瓦的涉外税收政策

摩尔多瓦居民企业就全球收入纳税，非居民企业仅就其在摩尔多瓦取得的收入进行纳税。目前摩尔多瓦的股息红利预提税税率为6%，利息、特许权使用费、保险费、从居民处购得商品、服务费和广告博彩所得的预提税税率一般情况下均为12%。摩尔多瓦对分支机构利润汇回不征税。对于公司在摩尔多瓦的应税收入中已缴纳的境外税款，可在摩尔多瓦境内申请企业所得税抵减。在取得境外缴税证明的前提下，公司应在相关收入在摩尔多瓦的应纳税年度内抵减其境外已缴税款。

摩尔多瓦的转让定价法规处于初步发展阶段，今后可能会引入正式的转让定价文件要求。摩尔多瓦目前不是OECD的成员国，国内法也没有提供任何适用OECD转让定价指南的规定。根据摩尔多瓦税收规定，只有当企业的相互依赖不影响交易结果时，才会考虑关联人之间达成的交易。独立交易原则适用于与居民和非居民关联方的交易。

对于摩尔多瓦企业与关联方进行的交易，摩尔多瓦税法有以下具体规定：①关联方之间直接或通过中介机构出售或交换财产、完成工作或提供服务所发生的损失，不得扣除，无论交易价格是否与市场价值相符；②与关联方发生的相关费用，如无正当理由支付且不代表必要的日常业务费用，则不得扣除。

根据摩尔多瓦税法规定，存在以下条件之一，则公司被视为纳税人的关联方：①公司控制纳税人；②公司由纳税人控制；③公司和纳税人均受第三方共同控制。从税务角度看，控制是指（直接或通过一名或多名相关人员）拥有其中一家公司的资本或投票权价值50%或以上的所有权。个人将被视为拥有家庭成员直接或间接拥有的所有股权。

摩尔多瓦税法无受控外国公司条款。摩尔多瓦税法没有规定具体的资本弱化制度。一般情况下，当地企业因合理商业目的发生的利息费用允许税前扣除。但是，无论是当地货币（列伊）还是外国货币，均不得超过当地银行向法人实体提供的为期12个月或以上的贷款加权平均利息率计算的利息费用扣除限额。

截至2022年，摩尔多瓦已与50个国家签订了双边税收协定。满足一定条件，股息预提税税率为0的：科威特、荷兰、西班牙、英国。满足一定条件，股息预提税税率为5%的：阿尔巴尼亚、亚美尼亚、奥地利、波黑、保加利亚、加拿大、中国、克罗地亚、塞浦路斯、捷克、芬兰、格鲁吉亚、希腊、匈牙利、爱尔兰、以色列、意大利、科威特、吉尔吉斯斯坦、卢森堡、马其顿、马耳他、黑山、荷兰、阿曼、波兰、葡萄牙、塞尔维亚、斯洛伐克、斯洛文尼亚、西班牙、瑞士、塔吉克斯坦、乌克兰、阿联酋、英国、乌兹别克斯坦；满足一定条件，利息预提税税率为0的：英国和俄罗斯；利息预提税税率为2%的：科威特；利息预提税税率为5%的：阿尔巴尼亚、奥地利、克罗地亚、塞浦路斯、捷克、芬兰、格鲁吉亚、德国、爱尔兰、以色列、意大利、卢森堡、马其顿、马耳他、荷兰、阿曼、斯洛文尼亚、西班牙、塔吉克斯坦、英国；利息预提税税率为6%的：阿联酋。特许权使用费预提税税率为0的：比利时、德国、匈牙利、瑞士。

中摩协定中，股息预提税税率为5%，利息和特许权使用费预提税税率为10%。税收协定中未就税收饶让做出明确规定。

第四章

投资欧洲独联体国家的税务风险及其防范

第一节 投资欧洲独联体国家的税务风险概述

投资欧洲独联体国家的税务风险主要来源于五个部分，分别为信息报告风险、纳税申报风险、调查认定风险、税收协定相关风险及其他风险。具体层次如图 4-1 所示。需要说明的是，虽然本书将税务风险分为五部分归纳，但这五个部分的风险并不是完全孤立的，它们存在内在联系。企业建立后向当地税务机关及其他行政机关进行登记注册与信息汇报时，信息报告风险随之产生。信息报告风险与后续的纳税申报风险是紧密联系的：企业有可能在一开始就忽视、误解或刻意逃避他国税法对相关领域的强制性要求，这会导致企业在经营过程中"处处踩雷"。这样行为产生的后果之一是企业在纳税申报环节出现问题，触发纳税申报风险。调查认定风险与本书第二章介绍的 BEPS 行动计划和各国之间税收协定的规定紧密联系。BEPS 行动计划的目的是避免双重不征税，避免税基侵蚀与流失。税收协定本意旨在避免缔约国双方重复征税，减轻企业的税收负担。一些企业利用各国税法间的空档，制定了不合法的投资架构或/和融资借款安排，"游走于刀尖之上"，寻求自身利益最大化，随时都可能触发调查认定风险。同时，在上述业务安排中，企业很可能存在滥用缔约国双方税收协定的问题，亦会触发税收协定相关风险。

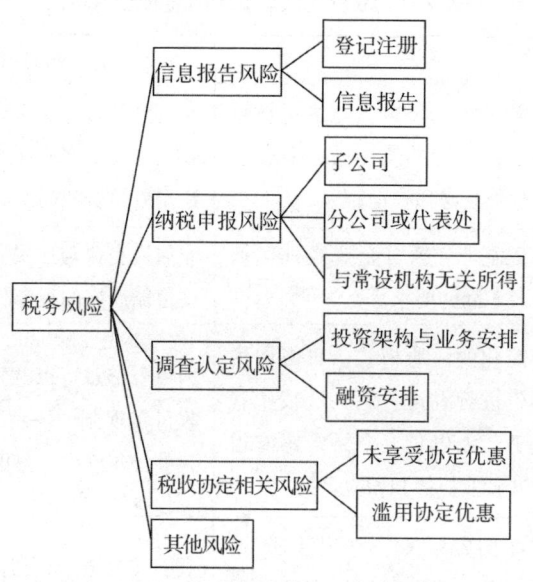

图 4-1　税务风险分析框架

第二节　信息报告风险及防范

外国企业在他国无论是否在当地设有常设机构，都应遵循他国税法等法律法规要求，履行相应登记义务，按规定将有关信息如实报告。若外国企业在他国无意或刻意逃脱相应登记与信息报告义务，将引发信息报告风险。通常信息报告风险主要来源于两个方面：登记注册要求和信息报告要求。现将俄罗斯、白俄罗斯、阿塞拜疆、亚美尼亚和摩尔多瓦等5国信息报告风险进行归纳分析，其较为重要或特殊的内容如表4-1所示。

表4-1 欧洲独联体5国信息报告风险

	登记注册	信息报告
俄罗斯	公司在开始活动30天之内进行税务登记；不动产及交通工具、有价证券交易必须登记。	经营活动告知义务，与俄罗斯有关收入通知义务；提交受控交易、转让定价报告和同期资料。
白俄罗斯	对合资企业、独资企业及外国代表处有不同的要求。	非居民企业与居民企业之间的交易要遵循严格的报告制度。
阿塞拜疆	推行简化的注册模式，只需向税务部门进行登记。但从事某些管制行业，如电信、金融，还需得到特殊营业执照和相应审批。	纳税人记账可以选择权责发生制或收付实现制的一种，一经选择，同一会计年度内不得更改。
亚美尼亚	除需在国家税务局登记注册外，企业还需在司法部、国家统计委员会注册。	全面按照国际会计准则编制财务报告。
摩尔多瓦	企业在摩尔多瓦注册时即自动完成税务登记，因此企业无须再向税务机关进行单独的税务登记。	外资企业如决定并购摩尔多瓦企业，需首先向摩尔多瓦经济部或法院递交并购申请，在30日内得到批准或者否决的批复。如并购申请得以批准，摩尔多瓦政府将正式发布公告，三个月公告期满后生效。

由于各国税收体制、行政法律等方面存在巨大差别，登记注册时所需注意的地方也差异较大。比如，各国对注册时间的要求各有不同。面对登记注册环节的问题，走出去企业只能因地制宜，熟悉或聘请有经验的税务和法律人员，帮助企业进行登记注册，避免违反相应的法律法

规，减少企业被处罚金的情形。

通过表4-1信息报告部分的总结，不难发现最为错综复杂的是关联交易相关信息的报告。表4-2则对欧洲独联体5国有关关联交易申报的要求进行了概括总结。欧洲独联体5国除摩尔多瓦没有规定需要向税务部门提交关联交易申报外，其余国家对关联交易申报提出了要求，并要求向税务机关提供相应的文件进行申报。

表4-2 欧洲独联体5国关联交易申报的要求

国家	关联交易申报
俄罗斯	纳税人必须在次年5月20日前将当年所进行的关联交易向当地税务局提交固定格式的关联交易申报（报告），包括交易类型、交易金额、合同内容、合同金额等，然后由地方税务当局递交到联邦税务局转让定价部门，由专门的转让定价局负责进行转让定价审计和纳税调整的评定。
白俄罗斯	将受控交易行为告知税务机关；对于大企业纳税人与关联方进行跨境贸易或涉及战略物资的跨境贸易，需要提交可证明定价符合独立交易原则的关联交易文档；对于其他受控关联交易，需要提交价格合理性说明。
阿塞拜疆	纳税人发生受控交易金额超过50万马纳特，需按照特定格式准备受控交易报告，并于交易发生次年3月31日前向税务机关提交。
亚美尼亚	纳税人在任何一纳税年度的受控交易总额超过2亿德拉姆，则应当填写《受控交易通知书》，于签订受控交易的第二年4月20日前向税务机关报送，说明纳税人的主要经营范围、受控交易明细、转让定价主要方法及其他信息。
摩尔多瓦	关联方之间进行的，所有涉及有形和无形资产及服务的国内外交易，均应按照市场价格进行。纳税人有权向税务机关递交从其他来源取得的市场价格信息。在有理由确认上述信息具有可靠性的情况下，税务机关才可使用该信息。

各国税法对关联方交易申报的规定，涉及受控公司的相关信息。表4-3归纳了欧洲独联体5国是否设有受控外国公司法规及受控外国公司报告义务的要求。

欧洲独联体5国中只有俄罗斯和阿塞拜疆在本国税法中明确制定了有关受控外国公司的法规，其余国家税法中目前尚未对受控外国公司相关问题制定明确的法律条文进行规范。虽然俄罗斯和阿塞拜疆都对受控外国公司有相关法律条文进行约束，但对信息报告和管控力度的要求不尽相同。俄罗斯对受控外国企业的报告义务规定比较详尽，在俄罗斯进行投资的中国公司应加以关注。

表4-3 欧洲独联体5国对受控外国公司的报告要求

国家	受控外国公司法规	受控外国企业报告义务及其他
俄罗斯	√	当纳税人参股外国企业10%以上的股份或者创建外国非法律实体或者成为外国非法律实体利润的受益所有人时，必须向税务当局报告信息。控制人应于次年3月20日前将受控外国企业的收入纳入应纳税所得额进行纳税，并向税务局提交受控外国企业信息报表和受控外国企业经审计的财务报表或确认受控外国企业收入的基础资料。
白俄罗斯	×	×
阿塞拜疆	√	受控外国企业所得应包含全部在其境内居民企业母公司的应税所得中。此外，任何向低税率地区支付的款项均需缴纳10%的预提所得税。阿塞拜疆暂未制定其他与受控外国企业相关的政策。
亚美尼亚	×	×
摩尔多瓦	×	×

在关联交易中,一般都涉及有转让定价的问题。转让定价是企业进行海外投资时,常用的税务筹划或避税手段。由于转让定价可能会减少企业在所在国的应纳税额,因此,各国税务机关均重视对转让定价行为的规范与约束。

表4-4是对欧洲独联体5国是否存在转让定价法规及同期资料准备、报告要求的总结。从表4-4中可以发现,欧洲独联体5国除摩尔多瓦外,其余国家均对转让定价有规定。当企业存在转让定价行为时,企业应该向税务机关递交相关资料或准备相关资料备索备查。而对于同期资料的要求,只有俄罗斯要求以国别报告、主体文档和本地文档的形式准备同期资料,其余国家仅要求提交受控交易报告或转让定价文档。除亚美尼亚、摩尔多瓦外,在欧洲独联体其他国家经营的企业都可向当地税务机关申请或签订预约定价安排(白俄罗斯对企业经营规模有要求)。在欧洲独联体国家投资的中国企业,如有必要,可以通过预约定价安排,主动规避税务风险。

表4-4 欧洲独联体5国对转让定价、同期资料及预约定价安排的规定

国家	转让定价	同期资料 国别报告	同期资料 主体文档	同期资料 本地文档	其他重要要求	预约定价安排
俄罗斯	√	√	√	√	提交税控文档(俄罗斯的转让定价文档)。	属于大企业级别的俄罗斯纳税人有权向税务机关递交预约定价协议,签订申请书。
白俄罗斯	√	×	×	×	证明符合独立交易原则的关联交易文档。	自2019年1月1日起,年度受控交易金额大于200万卢布的纳税人及经认证的大企业纳税人可以与主管税务机关进行预约定价安排的协商。

101

续表

国家	转让定价	同期资料			其他重要要求	预约定价安排
^	^	国别报告	主体文档	本地文档	^	^
阿塞拜疆	√	暂不适用	暂不适用	暂不适用	税务稽查过程中，纳税人可能被要求提供转让定价文档，以证实其转让定价方法和运用准确无误。	对纳税人发生的受控交易，引入了单边预约定价安排，但暂未出台详细的预约定价安排相关规则。
亚美尼亚	√	×	×	×	转让定价同期资料应每年准备一次。纳税人必须在税务机关要求的30天内提交转让定价同期资料。	×
摩尔多瓦	×	×	×	×	无	×

第三节 纳税申报风险及防范

依据需进行纳税申报公司的类型，纳税申报风险分为子公司纳税申报风险、分公司纳税申报风险以及与常设机构无关所得的纳税申报风险。现将俄罗斯、白俄罗斯、阿塞拜疆、亚美尼亚和摩尔多瓦等欧洲独联体国家的纳税报告风险进行分析，将其较为重要或特殊的内容归结至表4-5中。

表 4-5　欧洲独联体 5 国纳税申报风险

	子公司	分公司或代表处	与常设机构无关所得
俄罗斯	就来源于俄罗斯境内、境外所得，依法缴纳企业所得税，分配股息需缴纳预提税。	俄罗斯纳税义务以常设机构为标准，构成常设机构的就归属于常设机构的利润纳税，否则免于缴纳。	在收入来源地缴纳预提税，支付方代扣代缴。
白俄罗斯	外国法人的收入申报单需经过审计机构审计。	各分公司必须独立申报纳税，不允许汇总申报。	预提税申报表核算由代扣代缴机构完成，并于纳税义务发生的次月 20 日前提交，次月 22 日前缴纳。
阿塞拜疆	在阿塞拜疆子公司应考虑税收优惠的适用性及款项汇出产生预提税造成的影响。	分公司可能被认定为税收居民或常设机构，进而产生企税、个税及增值税。分公司利润汇回纳税申报时应包含预提税。阿塞拜疆对总公司的成本可扣除性着重稽查。	与常设机构无关收入注意做好分类，不同收入性质适用不同预提税税率。
亚美尼亚	在亚美尼亚子公司应考虑税收优惠的适用性及款项汇出产生预提税造成的影响。	分公司可能被认定为税收居民或常设机构，进而产生企税、个税及增值税。分公司利润汇回纳税申报时应包含预提税。	中国在亚美尼亚投资集中于基础设施和建筑业，易满足常设机构标准。一旦被认定为常设机构，需注意区分所得是否与常设机构有关。
摩尔多瓦	在摩尔多瓦子公司应考虑税收优惠的适用性及款项汇出产生预提税造成的影响。	在摩尔多瓦分公司可能会被认定为税收居民或常设机构。分公司利润汇回要考虑预提税的影响。	与常设机构无关收入注意做好分类，不同收入性质适用不同预提税税率。

103

中国企业在他国设立子公司，应考虑当地的税收优惠适用性及将款项汇出时产生的预提所得税影响。同时应充分考虑退出阶段可能面临的风险。子公司采用清算退出时，应充分考虑他国国内法的规定，以及相应的税务成本与风险，包括资本利得税、当地流转税等税种的计算、申报和缴纳等。同时须注意，他国是否存在资本管制。

中国企业在他国设立代表处或海外分公司，可能会被视为在他国构成常设机构或被视为税收居民企业。若中国企业的分公司或代表处被认定为在他国当地构成了常设机构，则需就常设机构取得的归属于境外的利润缴纳当地利润税。若涉及人员派遣，则中国海外投资企业还应结合两国的税收协定及相关税收法规，从派遣人员在当地的工作性质、驻留天数等方面，分析评估构成常设机构风险。若派遣安排使得中国总公司在当地构成常设机构，则应注意派遣到当地的员工也可能需要在当地缴纳个人所得税。因此，中国海外投资企业需要了解在他国可能构成常设机构的风险，进一步考虑因构成常设机构而产生的利润税、个人所得税及流转税等税务影响，在纳税申报时需引起重视。同时，某些国家分公司利润汇回中国时也需要考虑预提所得税，否则将面临被处罚的风险。

一般来说，只有中国企业通过其设在他国的常设机构进行营业时，他国才有权对中国企业的营业利润征税。因此，中国海外投资企业应特别关注税收协定中构成常设机构的条件。通常，非居民企业如果构成常设机构，则需就其来源于该常设机构的收入缴纳所得税。而非居民取得与常设机构无关的收入，需要缴纳预提所得税。如果中国企业在他国构成常设机构，应注意划分来源于常设机构的所得和与常设机构无关的所得，否则，易造成纳税申报方面的风险。

在中国签订的税收协定中，常设机构主要有场所型、工程型、服务（劳务）型、代理型四种类型。表4-6总结了中国与欧洲独联体5国税收协定中，关于常设机构的分类与认定。从表中可以看出，欧洲独联体国家对场所型和代理型常设机构的认定标准近乎一致，不存在重大差异。而欧洲独联体国家对工程型和服务型常设机构的认定标准中，时间尺度上存在一定差异。如在工程型常设机构的认定上，俄罗斯和白俄罗斯的时间尺度为18个月，而亚美尼亚和阿塞拜疆是12个月。在工程型常设机构的认定上，不同的时间尺度会使在缔约国当地工程活动被认定为常设机构的可能性发生明显的差别，进而对海外企业纳税产生重大影响。

此外，在欧洲独联体国家与中国的税收协定中，均规定了常设机构例外的情形。在例外情形中，欧洲独联体国家具有共性的例外情形主要有：专为储存、陈列或者交付本企业货物、商品的目的而使用的设施；专为储存、陈列或者交付目的而保存本企业货物、商品的库存；专为另一企业加工的目的而保存本企业货物、商品的库存；专为本企业采购货物或者商品，或者搜集情报的目的所设的固定营业场所；专为本企业进行任何其他准备性或者辅助性活动的目的所设的固定营业场所；专为上述活动的结合目的所设的固定营业场所，且这种结合使该固定营业场所全部活动属于准备性质或辅助性质。如果企业在境外缔约国所作为上述情况所述，则不被认为是常设机构。

表 4-6　欧洲独联体 5 国常设机构分类及认定标准

常设机构认定标准	场所型	工程型	服务型	代理型
俄罗斯	包括：管理场所、分支机构、办事处、工厂、作业场所、矿场、油井或气井、采石场或者其他开采自然资源的场所。	建筑工地，建筑、装配或安装工程或者与其有关的监督管理活动，但仅以该工地、工程或活动连续超过 18 个月为限。	企业通过雇员或雇用的其他人员在缔约国一方提供劳务，包括咨询劳务，但仅以该性质的活动（为同一项目或相关联的项目）在相关纳税年度开始或结束的任何 12 个月中连续或累计超过 183 天的为限。	当一个人（独立地位代理人除外）在缔约国一方代表缔约国另一方的企业进行活动，有权以该企业的名义签订合同并经常行使这种权力，这个人为该企业进行的任何活动，应认为该企业在该缔约国一方设有常设机构。
白俄罗斯	场所型常设机构的形式有管理场所、分支机构、办事处、工厂、作业场所以及矿场、油井或气井、采石场或者其他开采自然资源的场所。	工程型常设机构是指连续超过 18 个月的建筑工地、建筑、装配或安装工程以及与其有关的监督管理活动。	服务型常设机构是指缔约国一方企业通过其雇员或者其他人员在缔约国另一方为同一个项目或相关联的项目提供的包括咨询劳务在内的劳务，劳务期间连续或累计超过 18 个月。	当一个人在缔约国一方代表缔约国另一方的企业进行活动，有权并经常行使这种权力代表该企业签订合同，此人为该企业进行的任何活动，应认为该企业在该缔约国一方设有常设机构。

续表

常设机构认定标准	场所型	工程型	服务型	代理型
阿塞拜疆	用于勘探自然资源所使用的安装装置、船只或任何其他场所，但仅以在任何12个月中连续或累计3个月以上的为限。	建筑工地、建筑、安装工程，或者与其有关的监督管理活动，但仅以该工地、工程或活动连续12个月以上的为限。	企业通过雇员或者雇用的其他人员，在另一国为上述目的提供的劳务，包括咨询劳务，但仅以在任何12个月中连续或累计超过6个月的为限。	如果代理人经常以被代理人的名义与第三人签订合同，代理人就有可能构成被代理人在来源国的常设机构。
亚美尼亚	包括：管理场所、分支机构、办事处、工厂、作业场所、矿场、油井或气井、采石场或者其他开采自然资源的场所。	建筑工地，建筑、装配或安装工程，或者与其有关的监督管理活动，但仅以该工地、工程或活动连续12个月以上的为限。	中亚一方企业通过雇员或者雇佣的其他人员，在另一方为同一个项目或相关联的项目提供的劳务，包括咨询劳务，仅以连续或累计超过12个月的为限。	当一个人在一国代表另一国的企业进行活动，有权并经常行使这种权力以该企业的名义签订合同，这个人为该企业进行的任何活动，应认为该企业在该国设有常设机构。
摩尔多瓦	管理场所、分支机构、办事处、工厂、作业场所、矿场、油井、气井、采石场或者其他开采自然资源的场所以及农场、种植园或葡萄园。	工程型常设机构是指连续12个月以上的建筑工地，建筑、装配或安装工程，或者与其有关的监督管理咨询活动。	无直接规定。	非独立代理人在缔约国一方代表缔约国另一方的企业进行活动，有权并经常行使这种权力以该企业的名义签订合同，这个人为该企业进行的任何活动，应认为该企业在该缔约国一方设有常设机构。

第四节 调查认定风险及防范

调查认定风险主要来自投资架构与业务安排、融资安排等事项。企业避税行为多会涉及上述事项安排，而这些事项又与资本弱化规定、受控外国公司规定、转让定价规定紧密相关。按照投资框架业务安排、融资安排两部分，结合各国受控外国公司规定、转让定价规定和资本弱化等相关规定对欧洲独联体国家进行归纳总结，如表4-7所示。欧洲独联体国家中，俄罗斯和白俄罗斯以债资比形式做出限制，阿塞拜疆、亚美尼亚和摩尔多瓦虽然对资本弱化无直接规定，但存在利息扣除限额。此外，关于成本分摊协议，欧洲独联体国家目前均无相关规定，故在表4-7中未列示出。

表4-7 欧洲独联体5国调查认定风险

	投资架构与业务安排	融资安排
俄罗斯	有转让定价规定、受控外国公司规定。俄罗斯的转让定价按照独立交易原则确定，对市场价的确定方法与OECD的规定类似。	有资本弱化规定。关联法人实体的债权性投资与权益性投资的比例不得超过3:1，银行和租赁公司的该比例不得超过12.5:1。对具有受控债务特征的债务汇总计算债权性投资与权益性投资的比例。
白俄罗斯	无受控外国公司规定，但有关于转让定价的相关规定。	有资本弱化规定。规定的债资比例为3:1，部分特殊行业适用于1:1的债资比。如果利息或费用超过了资本弱化规定下的最大扣除限额，超出部分的利息不能在利润税税前扣除。

续表

	投资架构与业务安排	融资安排
阿塞拜疆	有受控外国公司、转移定价和跨国公司相关规定。因此,着重避免滥用组织结构、滥用税收优惠以及不具有合理商业目的的商业安排。	无资本弱化规定。超过股本2倍的国外借款的应计利息将不能在利得税中扣除。
亚美尼亚	无受控外国公司规定,有转让定价规定。境外投资的企业需要准备相应的资料证明其商业安排具有合理的商业目的,否则易被认定为反避税调查对象。	无资本弱化规定,但亚美尼亚的利息抵扣限额的规则不仅适用于关联企业,也适用于非关联企业。企业在税前列支的非银行贷款的利息支出以该会计年度净资产的2倍为上限,企业在税前列支的银行贷款利息支出以该会计年度净资产的9倍为上限,企业融资成本存在难以在所得税税前完全列支的风险。
摩尔多瓦	无受控外国公司和转让定价规定。服务费用和分摊成本的企业所得税税前扣除(需要具有合理的商业目的、可提供相关证明等)。	无资本弱化规定。一般情况下,当地企业因合理商业目的发生的利息费用允许税前扣除。但是,无论是当地货币还是外国货币,均不得超过当地银行向法人实体提供的为期12个月或以上的贷款加权平均利息率计算的利息费用扣除限额。

企业取得跨国所得,会涉及跨国所得在不同税收管辖权国家间的分配问题。目前各国税务当局都非常关注跨国公司转让定价、融资安排的税收管理,在这方面国际共识是:跨国公司内部交易定价应遵循独立交

易原则，对企业内部的融资安排设有资本弱化规定，如果违背这些规定而减少某国税收权益，该国税务当局就有权进行调查调整，被调查调整企业不仅面临较高的补税甚至罚款风险，税收信誉度也会有损失。因此，企业应遵循各国转让定价和资本弱化规则，具体可以从以下六个方面进行：（1）树立国际税收意识，特别是在转让定价税收处理方面应遵循独立交易原则这一国际惯例，这是降低调查认定税务风险和损失的根本所在；（2）提前向投资国税务当局咨询或通过其他有效途径咨询，以详细了解并把握投资所在国转让定价、资本弱化相关的税法规定，从而做到在申报、资料准备等方面遵循该国相关规定；（3）如果企业被列为转让定价或融资安排的调查对象，应积极配合投资国税务当局的调查，提供充分的资料和举证，最大限度地争取投资国税务当局的认可；（4）如果企业被投资国税务当局进行了转让定价或融资安排相关的调查调整，应按照该国与中国签署的《避免双重征税协定》的规定，及时向投资国税务当局和中国税务机关提起转让定价征税或融资安排的双边磋商，以通过双边税收磋商规避对企业的双重征税；（5）在投资国有预约定价规则的前提下，可考虑申请单边或双边预约定价安排，与投资国税务当局或中国税务机关事前约定相应的关联交易定价原则和方法，免除事后被调查调整的风险；（6）当遭遇到投资国税务当局不公正的税收待遇及纠纷时，应积极主动地寻求中国税务机关的支持和帮助，以使中国税务机关能及时支持和帮助其解决境外企业面临的转让定价税务争议及纠纷。

第五节 税收协定风险及防范

税收协定风险可以细分为两类，一类是由于对协定和当地税法不了解，导致企业未享受税收协定优惠的风险。另一类是由于企业钻空子，滥用税收协定或利用当地税法和协定中规定不明确的地方，侵害他国税收主权导致的风险。

一、未享受税收协定优惠风险

进行海外投资企业对税收协定重要性认识不足，忽视税收协定对自身合法权益的维护，可能存在多缴税款的税收风险。中国境外所得税抵免政策规定，对未依据税收协定而多缴的境外所得税不得进行税收抵免。因此，符合条件的海外投资企业应积极在投资国申请享受税收协定待遇，维护企业自身权益和国家税收权益。具体而言，未享受税收协定优惠主要存在以下几种情形：

（一）未开具《中国税收居民身份证明》导致不能享受税收协定待遇的风险[1]

税收协定不受国内税收法律变动的影响，稳定性强，有利于降低海外投资企业在东道国的税负和税收风险，消除双重征税，降低企业税负。《中国税收居民身份证明》是到国外投资的中国企业享受中国与投资目的地国家所签署的税收协定的前提，但是企业往往由于各种原因而

---

[1] 《中国税收居民身份证明》的具体要求，请见《关于开具<中国税收居民身份证明>有关事项的公告》（国家税务总局公告〔2016〕40号）。

未开具《中国税收居民身份证明》。企业对税收协定的存在缺乏了解，或对税收协定相关条款和税收协定的作用缺乏了解以及对自身境外业务能否享受税收协定判断不清，都是导致其未向国内税务机关申请取得《中国税收居民身份证明》的原因。企业应当全面了解和掌握中国开具《中国税收居民身份证明》的流程与要求，在有意向开展境外投资业务时，及时做好享受税收协定方面的准备工作。

(二) 企业未享受税收协定待遇，多缴税款的风险

企业到海外投资，可以依据中国与该国协定享受协定待遇，在预提所得税方面享受优惠税率。但如果企业对协定具体内容不熟悉，境外财务或税务人员在申报纳税时也未正确适用协定优惠税率，则可能导致企业在境外多缴税款。

表 4-8 总结了中国与欧洲独联体国家对分公司利润和常见消极所得的协定预提税税率。欧洲独联体国家没有出现国内税法规定预提税税率低于协定预提税税率的情形。需要注意的是，由于各国均可能对本国税法进行调整，改变本国法律对他国投资消极所得的预提税税率，而中国与各国签订的税收协定时间较早，有可能出现协定预提税税率高于本国现行预提税税率的情况，因此我国海外投资企业不仅需要关注被投资国与我国签订税收协定的内容与要求，还需要跟进被投资国本国税法的变动，避免出现多缴税款情形的发生。

表 4-8 分公司利润汇回税率与消极所得协定预提税率①

国家	分公司利润汇回	股息/%	利息/%	特许权使用费/%
俄罗斯	不征税	5 或 10	5	6
白俄罗斯	不征税	10	10	10
阿塞拜疆	协定免税	10	10	10
亚美尼亚	协定免税	5 或 10	10	10
摩尔多瓦	协定免税	5 或 10	10	10

（三）享受协定待遇受阻的风险

企业在海外可能会遇到当地税务机关给出不予享受协定待遇的决定，或者遇到其他阻碍。此时企业可选择向中国税务机关寻求帮助，申请启动相互协商程序，维护自身合法权益。

为了避免与税收协定相关的风险，海外投资企业一方面要保证在中国的税收居民符合中国与该国税收协定规定的受益所有人资格，防止享受税收协定不当的风险，另一方面，应主动开具《中国税收居民身份证明》，并准备相应的受益所有人证明材料，主动申请享受税收协定待遇。

二、滥用税收协定风险

滥用国际税收协定主要是指非协定缔约国的居民通过在税收协定缔约国设立中间公司等做法，获取其本不应享有的税收协定中税收优惠的行为。在实践中，滥用国际税收协定的具体方式一般为三种：（1）建立直接导管公司（Direct Conduit Company）；（2）脚踏石导管公司

---

① "不征税"是该国税法规定，"协定免税"是缔约国双方规定。

（Stepping Stone Conduit Company）；（3）企业重组。为避免协定滥用，各国在税收协定中往往引入反避税条款，如"受益所有人规定"和"目的测试"，企业也要避免滥用税收协定而导致税收风险。进行境外投资的企业，尤其是采取间接投资构架的企业，在享受间接投资构架的税收利益的同时，也可能会被否定"受益所有人"资格，被认定为滥用税收协定，从而被税务机关不予批准享受税收协定规定的税收待遇，并按照合理的方法进行纳税调整等，这对企业来讲是巨大的税务风险。

现对俄罗斯、白俄罗斯、阿塞拜疆、亚美尼亚和摩尔多瓦等欧洲独联体国家的税收协定相关的风险要点进行总结，如表4-9所示。

表4-9 欧洲独联体5国与税收协定相关风险

	未享受协定优惠	滥用协定优惠
俄罗斯	主动开具《中国税收居民身份证明》，准备受益所有人证明材料，主动申请享受协定优惠。	侵蚀税基，违反利益限制条款和相应反避税措施。中俄有信息交换措施。
白俄罗斯	双重税务国籍、受益所有人身份无法确认、营业利润与特许权使用费模糊以及常设机构的认定争议均可能导致中国企业无法享受税收协定的优惠。	白俄罗斯税务机关对下列纳税人作为转让定价调查重点目标对象：在连续两年及两年以上持续申报亏损的企业；跨国企业集团内的企业；在连续两年及两年以上实现较大的销售收入额但申报利润额较小的企业；利润水平低于行业平均水平的企业；与境外关联方、位于离岸区域的企业、自由经济区纳税人或其他享受税收优惠待遇的纳税人进行交易的企业。

续表

	未享受协定优惠	滥用协定优惠
阿塞拜疆	在阿塞拜疆主动申请税收优惠，避免未享受到优惠而多缴纳税款。	阿塞拜疆有"受益所有人规定"和"目的测试"。
亚美尼亚	未开具《中国税收居民身份证明》导致不能享受税收协定待遇的风险。	亚美尼亚于2019年2月11日正式加入BEPS，并计划实施第五项、第六项、第十三项及第十四项行动计划。
摩尔多瓦	税收协定的条款没有被应用或者被错误地应用（导致在税源地产生较高的税率），纳税人可在规定的期限内要求退还多扣缴的税款；境外所得受益人应当在摩尔多瓦支付人付款时向其提供有效的税收居民身份证明，以证明在付款年度受益人拥有其所在国家的税收居民身份。	跨国企业交易须满足独立交易原则，否则相关业务易被认定为关联交易。

第六节 其他风险及防范

其他风险主要来源于国际政治波动、他国国内稳定性、国与国文化差异等方面。企业对他国投资，除纯粹的税收因素外，还需要考虑他国的政治经济环境、法律法规的特点、当地文化风俗等因素的影响。这些因素从本质上来说，比税收因素更宏观，对企业的影响更加巨大，是中国企业进行海外投资时应该率先考虑的。①

现对俄罗斯、白俄罗斯、阿塞拜疆、亚美尼亚和摩尔多瓦等欧洲独联体国家的政治、文化、法律、风土人情需要注意的地方进行总结，如表4-10所示。

表4-10　欧洲独联体5国其他风险

国家	需要注意的要点
俄罗斯	俄罗斯法律以配额方式限制外籍劳工； 俄罗斯地域辽阔，各联邦主体对外资企业优惠存在差异。
白俄罗斯	实行外汇管制，限制资本出口。白俄罗斯居民企业境外投资需要获得白俄罗斯央行批准。
阿塞拜疆	阿塞拜疆易受到美俄世界政治格局影响； 阿塞拜疆贷款利率高，应注意融资安排； 阿塞拜疆实行外来劳务配额制。
亚美尼亚	亚美尼亚地缘政治复杂，近年来同邻国发生过一定规模的战争。同时，俄罗斯近年来加紧了对亚美尼亚的控制，电力、能源等行业被牢牢掌控。与俄频繁大量的贸易使得该国自身货币存在恶性通货膨胀的风险。
摩尔多瓦	摩尔多瓦贷款利率高，投资者应注意做好融资安排； 本国货币汇率波动大，可使用欧元或美元进行结算。

---

① 上述问题已超过了国际税收的范畴，因此不是本书内容的重点。鉴于海外投资可能面临的复杂情形，中国企业在对他国进行投资时，先行调研是必须且有意义的。

第五章

中亚独联体国家的税收政策

独联体国家中,中亚国家有哈萨克斯坦、乌兹别克斯坦、塔吉克斯坦和吉尔吉斯斯坦。本章主要介绍这四个国家的税收政策。

第一节 哈萨克斯坦的税收政策

哈萨克斯坦(Kazakhstan)的主要税种有企业所得税、个人所得税、社会保障税、增值税、消费税、关税、财产税、土地税、社会税、等。哈萨克斯坦货币是坚戈也称腾格(KZT),在哈萨克斯坦,居民企业和非居民企业之间可以使用任意货币进行支付。

一、哈萨克斯坦的流转税政策

哈萨克斯坦的流转税政策,这里主要介绍哈萨克斯坦的增值税政策、消费税政策和关税政策。

(一)哈萨克斯坦的增值税政策

增值税适用于以下交易:哈萨克斯坦境内的货物、工程和服务供应;货物进口。

就增值税而言,应税营业额是指几乎所有类型的货物、工作和服务供应（如销售、交换或赠送）的总和。货物实际上包括所有形式的财产或产权。应税服务供应是指任何有偿或免费提供的工作或服务，或任何有偿提供的但不属于货物供应的服务。

如果根据供应地规则，货物和服务被视为在哈萨克斯坦供应，则应缴纳增值税。

货物供应地的判定。供应商、收货人或第三方发送的货物：货物运输开始的地点；所有其他情况：货物移交给买方的地点。工程和服务的供应地根据已执行交易的性质确定。与不动产有关的工作和服务（如建筑物和设施），如果这种财产位于哈萨克斯坦境内，则被视为在哈萨克斯坦境内提供。

1. 增值税的税率

哈萨克斯坦的增值税税率：一般税率12%；零税率。该税适用于货物、工程和服务的销售以及进口。

若无专门规定，商品或劳务适用零税率或免税，增值税的标准税率适用于所有商品或服务的供应。对于个人按照简化程序进口的货物，增值税可以作为海关总付款的一部分支付，其金额根据哈萨克斯坦海关法确定。

零税率的商品和服务：①出口销售货物；②国际运输服务；③机场为执行国际航班的外国航空公司的飞机加油时销售机油和润滑油；④销售黄金；⑤在经济特区范围内销售货物。所谓"免征货物"，是指不征收增值税且不符合进项税额抵扣条件的货物、劳务和服务的供应。免征项目：①与土地和住宅建筑有关的营业额；②特定的金融服务；③金融租赁下的资产转让；④非商业组织提供的服务；⑤文化、科学和教育领域的服务；⑥与医疗和兽医活动有关的货物和服务；⑦政府发布清单的某些资产的进口；⑧个人进口的非企业目的的货物；⑨与国际运输服务有关的营业额;⑩在同一法律实体内从欧亚经济联盟成员国境内进口货物等。

自2019年起,所有增值税纳税人应开具电子版增值税发票(简称"电子发票")。开具电子发票的增值税纳税人如果涉及某类货物的销售(财政部令中特别列出的),应当在虚拟仓库(VW)模块中登记这些货物。如果此类货物不在VW模块内,则无法进行销售,因为电子发票信息系统禁止纳税人开具VW模块内未识别的货物电子发票。

2. 增值税计税的主要内容

纳税人的增值税税负等于报告期内的销项税额(纳税人收取的增值税)减去进项税额(纳税人向其供应商支付的增值税)。

增值税纳税人购进服务和货物所缴纳的增值税(进项税额),包括反向已缴纳的销项税额和在海关缴纳的增值税,在确定纳税人的增值税税款时,一般可以抵扣。但对于为提供免征或视同境外供货而发生的增值税,则不能进行抵扣。

进项税额超过销项税额的部分,一般可结转用于抵扣未来的增值税负债。常见可抵扣进项税额的项目(如与应税营业用途有关):资本资产;无形资产和生物资产;不动产投资等。

不可抵扣的进项税额。如果购买的货物、工程、服务用于非应税供应,则不允许抵扣进项税额。在这种情况下,相应的进项税额不能抵扣增值税,但可以考虑抵扣企业所得税。进项税额不能抵扣的项目举例:购买与应税营业额无关的货物、工作和服务;作为固定资产购买的乘用车;增值税发票不符合税法的规定;无论支付频率,以现金购买的货物和服务金额超过1000坚戈(含增值税);从法院认定为无效的供应商处购买货物和服务;购买法院认定为没有实际经营意图的私营企业实体执行的货物、工作和服务。

3. 增值税的税收征管

增值税登记程序。增值税登记是一个与税务登记相分离的程序，既可以是强制登记，也可以是自愿登记。

居民法人实体、非居民法人实体的分支机构或代表机构以及私营企业家，如果在日历年内的营业额超过3万倍的计算指数（MCI），必须进行增值税登记。2020年的门槛约为21.1万美元。MCI由每年的国家预算法确定，2020年，MCI为2651坚戈（约合7美元）。增值税登记的截止日期为当面纸质或电子方式超过营业额门槛的月份结束后的10个工作日内。哈萨克斯坦税法中没有任何豁免增值税登记的规定。哈萨克斯坦不允许进行集团增值税登记。

小规模企业在哈萨克斯坦可以进行增值税自愿登记。但是，不是个体企业家的个人、政府机构、没有分支机构或代表处的非居民、法人实体—居民的结构性分支机构（如通过分支机构）无权进行增值税自愿登记。

在哈萨克斯坦没有注册分支机构或代表处的外国法人实体，不能在哈萨克斯坦进行增值税登记。对于货物和服务的供应，以及企业对企业（B2B）和企业对消费者（B2C）的商品供应，规则是一样的。如果外国企业在哈萨克斯坦有分公司或代表处，那么它可以自愿注册。但是，如果外国企业在哈萨克斯坦设有分公司或代表处，且其营业额在日历年内超过了3万倍的MCI（2020年约为21.1万美元），则必须进行增值税登记。注册程序与上述细节相同。一旦注册了增值税，外国企业就可以按正常规则抵扣当地供货的进项税额。

如果未在哈萨克斯坦进行增值税登记的非居民向哈萨克斯坦购买方提供供应地为哈萨克斯坦的服务，且购买方为增值税纳税人，则购买方必须通过反向收费机制自行评估并缴纳增值税。哈萨克斯坦的服务购买方可以按照一般的抵扣程序，抵扣已缴纳的反向增值税额。

增值税发票。一般情况下，增值税发票是所有纳税人必须要开具的文件。没有相应的增值税发票，不允许抵扣进项税。逾期注册的罚款为50倍的MCI（2020年约为352美元）。未报税罚款最高为70倍的MCI（2020年约为493美元）。少缴税款最高可罚少缴税款的50%~80%（视纳税人规模而定）。其滞纳金收取的年利率相当于哈萨克斯坦国家银行规定的官方再贷款利率的1.25倍。开具虚开发票的按发票所含进项税额的200%~300%（视纳税人规模而定）以下罚款。对不缴纳欧亚经济联盟进出口货物、工作和服务税款，处罚金额最高为50倍的MCI（2020年约为352美元）。对不开具增值税电子发票的，第一次警告。一年内屡次犯案的处罚最高为40~150倍的MCI（2020年约为282~1056美元）。对欺诈行为，可作为启动刑事诉讼程序的理由，并对纳税人的管理层施加刑事责任。

（二）消费税政策

消费税适用于销售和进口原油、凝析气、汽油或汽油（不包括航空燃料）、柴油燃料、烈酒和酒精饮料、啤酒、烟草和客车。

原油、凝析气、汽油/汽油、柴油0~24935坚戈；酒精饮料和啤酒、烟草每件计量单位（公斤、升或单位）0~9900坚戈；乘用车每立方厘米发动机容量100坚戈。

（三）关税政策

哈萨克斯坦《海关法》和《欧亚经济联盟海关法》从2018年1月起实施了一系列旨在简化海关程序、整合信息技术举措、减少海关控制程序中烦琐问题的渐进式规定。

哈萨克斯坦是世界贸易组织成员。关税适用于从第三国进口到关税同盟国家的货物。关税税率是根据货物海关价值的百分比（一般在0至

40%之间，某些货物的税率更高）或以欧元（EUR）或美元的绝对值确定的。关税同盟国家的货物一般应免除哈萨克斯坦的关税。除加入关税同盟外，哈萨克斯坦还与独联体国家签订了一些双边和多边自由贸易协定，规定在满足一定条件的情况下，独联体成员国之间流通的货物可免征关税。

全面报关的海关手续费为2万坚戈。

根据2020年10月19日"关于应用风险管理系统对进口货物进入欧亚经济联盟关境的纳税人进行管理的试点项目的规则和条件"的第1024号命令，哈萨克斯坦税务当局从2020年11月3日起对进口到欧亚经济联盟的货物进行试点项目。根据试点项目，当局通过对纳税人提交的税收和海关申报表中注明的数据进行自动比对、分析和审核。如果在风险管理系统中获得高分，则可向纳税人发出视为违反税收规定的通知。如果不及时回复通知，可能导致纳税人的银行账户被税务机关冻结。

二、哈萨克斯坦的所得税政策

（一）哈萨克斯坦的企业所得税政策

哈萨克斯坦的所有法人实体和外国法人实体的分支机构均需缴纳企业所得税（CIT）。在哈萨克斯坦的居民企业应就其全球利润征税，而通过在哈萨克斯坦的常设机构（PE）运营的非居民企业仅应根据该常设机构的利润缴纳哈萨克斯坦企业所得税。在哈萨克斯坦没有常设机构的非居民从哈萨克斯坦的来源获得收入时，通常需要从哈萨克斯坦来源的收入中预扣所得税。居民企业指按照哈萨克斯坦法律成立，或者依外国法律成立但实际管理或控制中心在哈萨克斯坦的企业。

1. 企业所得税税率

常规企业的企业所得税税率为 20%。这一税率适用于哈萨克斯坦的企业，包括外国参与的企业（合资企业）和外国 100% 参与的企业，以及外国企业的常设机构。常设机构在扣除企业所得税后的利润也要缴纳 15% 的分公司利润税。无论利润是否汇入常设机构的母国，都要征收 15% 的分支机构利润税。分支机构的利润税税率可根据适用的双重征税条约而降低。

支付给没有常设机构的外国或非居民法律实体的款项需缴纳预提税。股息、利息、特许权使用费、资本收益和保险费的预提税税率为 15%。对于再保险费和国际运输服务，税率为 5%。对于所有其他付款，税率为 20%。任何类型的哈萨克来源的收入支付给避税实体，税率为 20%。预提税税率可根据适用的税收协定予以降低。

6% 的企业所得税税率适用于生产农产品的法人实体的合格农业收入。此外，在经济特区中经营的纳税人如果满足某些针对此类利益的法定要求，则可以享受企业所得税的全部豁免。在哈萨克斯坦从事矿产资源勘探和开采的企业（根据哈萨克斯坦法律称为"地下用户"）根据地下使用合同开展业务。这种合同的税收不同于标准税收制度。

（1）超额利润税（EPT）。哈萨克斯坦对地下资源开采业征收超额利润税。超额利润税为 10%~60% 的累进税率，税基为公司所得税的应税所得额扣除 25% 以后的余额。自 2018 年起，石油和天然气公司可以选择不缴纳企业所得税和超额利润税，而是缴纳替代税。选择税实行 0~30% 的累进税率，替代税的税基与公司所得税的税基基本相同，只是个别项目，如汇兑损益和利息费用等不允许税前扣除。

（2）替代税。新税法引入了替代税，取代了超额利润税（EPT）、矿产开采税（MET），可由纳税人自行决定适用。替代税适用于生产或联合勘探和生产油气产品的地下使用合同。一般来说，税基的计算、纳税期限和截止日期与现行的企业所得税框架相似，只是在一些具体细节上有所区别（如外汇影响应不予考虑，利息支出不允许扣除）。税率为累进制（0~30%），并取决于世界原油价格的波动。此外，适用替代税的纳税人可以免缴原油出口的租金税。

2. 应纳税所得额的确定

应纳税所得额是指纳税人的年收入总额减去允许的扣除额。

（1）收入与成本费用的确定

哈萨克斯坦法人实体应就全球范围内的年度总收入征税。通过哈萨克斯坦的常设机构进行业务活动的非居民法人实体，应对该机构的活动所得的收入征税。所有纳税人收入确认都必须采用权责发生制确认收入。

存货根据《国际财务报告准则》（IFRS）和哈萨克斯坦财务会计法规进行估值。因此，允许的库存评估方法包括先进先出（FIFO），加权平均法和个别计价法。

资本利得以普通企业所得税税率缴纳。对于未从事地下活动并持有三年以上的法人实体或财团，出售其在哈萨克斯坦的股份和参股权益所实现的资本收益可免税。如果在特定条件下，此类地下用户从事进一步的加工活动，则可以从出售地下用户的股份或参与权益的资本收益中免除哈萨克斯坦的税收。

哈萨克斯坦居民企业的入股股利的股利收入免征哈萨克斯坦税收。从哈萨克斯坦居民企业到另一哈萨克斯坦居民企业的股息免税，但某些类型的纳税人支付的股息除外。

利息收入应包括在纳税人的年度总收入中，并按20%的企业所得税税率进行征收。

特许权使用费收入应包括在纳税人的年度总收入中,并按20%的企业所得税税率进行征收。

外汇收益应根据《国际财务报告准则》和哈萨克斯坦财务会计法规确定。外汇收益超过外汇损失的差额应计入纳税人的年收入总额。

国外收入应按普通企业所得税税法进行缴纳。

哈萨克斯坦没有延期纳税的规定。

(2) 扣除项

允许的扣除额通常包括与产生收入的活动相关的费用,除非税法限制了扣除额。所有扣除费用都需要证明文件。除非税法中另有规定,否则支出的确认应按照《国际财务报告准则》和哈萨克斯坦财务会计法规进行。如果按照国际财务报告准则对费用的确认不同于税法的说法,则应以税法为准。

折旧。折旧是使用余额递减法以折旧率从10%到40%的方式计算的,适用于以下四种基本类别资产的余额:①建筑物和构筑物(油气井和输油设施除外)的年度最高折旧率为10%;②机械设备(石油和天然气生产用机器设备、计算机和信息处理设备除外)的年度最高折旧率为25%;③用于信息处理的电脑、软件和设备的年度最高折旧率为40%;④其他类别的固定资产,包括油气井、传输设备、油气机械设备的年度最高折旧率为15%。

商誉。哈萨克斯坦税法中没有关于商誉费用可抵扣性的特殊规定。

开办费用。哈萨克斯坦税法并未具体涉及开办费用的可抵扣性,但一般而言,与业务活动有关并旨在赚取开办收入的费用应予以扣除。

利息支出应全额扣除应付给不相关第三方的利息,但应支付给银行和小额金融机构的利息除外,它们应在实际支付的利息额内扣除。

三年内未付款的应收款项,确认为坏账费用。只要这些应收款反映在纳税人的账簿上,并且有适当的证明文件,则这些费用可以由纳税人全额扣除。

慈善捐赠理应减少应纳税所得额,但最高不得超过企业年度应税收入的4%(受监控的大型纳税人的税率为3%)。

汇兑损失应根据《国际财务报告准则》和哈萨克斯坦财务会计法规确定。外汇损失超过外汇收益的部分可以扣除。

一般来说,对于不需要上缴国家预算的罚金,都可以进行扣除。营业净亏损最多可结转十年。

如果支付给外国联营公司的款项是为了产生收入,有文件证明并符合哈萨克斯坦的转让定价法,则可进行扣除。

3. 税收征管

企业所得税年度申报应在纳税年度结束后的3月31日前完成。不过,纳税人可根据要求将截止日期延长30个日历日。某些纳税人需要提交其每月预缴企业所得税的估算结果。

企业所得税预付款应于每月25日支付。纳税人在上上一个纳税期的年收入总额低于相关财政年度确定的MCI的32.5万倍(约220万美元)的,可免除计算和支付企业所得税预付款的义务。在提交年度企业所得税申报后的10个日历日内,必须支付任何未支付的企业所得税负债。

罚款和滞纳金。逾期税款利息按国家银行设定的每日延迟基准利率的1.25倍计算。自2020年7月21日起,国家银行基准利率已设定为每年9%。少报纳税义务将被处以巨额罚款。一般而言,罚款金额为少缴税款的80%,对中小型企业的罚款率较低。

对于预缴企业所得税,与最终申报的企业所得税相比少报预缴税款的,如果少报的金额大于最终申报金额的20%,将被处以20%的行政罚款。纳税人被认定隐瞒应纳税所得额的，可以处以隐瞒金额200%以下的罚款。

（二）哈萨克斯坦的个人所得税政策

哈萨克斯坦居民按其全球收入纳税。非居民无论收入在哪里支付，只对哈萨克斯坦来源的收入征税。如果收入来自在哈萨克斯坦从事的工作，则被视为来自哈萨克斯坦的收入。哈萨克斯坦来源的收入还包括但不限于在哈萨克斯坦有常设机构的居民和非居民的利息收入，以及居民法人的股息。如果个人在本纳税年度结束的任何连续12个月期间在哈萨克斯坦停留超过183天，则被视为居民。

1. 应税收入

各类收入的征税情况介绍如下：

雇佣工作收入。受雇收入包括所有报酬，不论是现金还是实物（包括股份），也不论这种收入的支付地点。

自营收入。哈萨克斯坦公民从事自营活动（个体工商户）的收入应缴纳个人所得税。个人的年营业收入，即总收入（减去调整额和扣除额）减去赚取这些收入所产生的费用后，即可征税。但是，个体工商户要扣除费用，必须向税务机关专门登记，并提供相关证明材料。自营收入的税率与雇佣收入适用的税率相同，但个体工商户采用特殊税制的除外。

投资收入。一般而言，投资收入包含在应税收入中。

股票期权。通过行使雇主授予股票期权获得的收入不被视为应税收入。在处置股票时，相应的资本收益需要缴纳所得税。

资本收益。根据哈萨克斯坦税法，资本收益是指有单据佐证的售价与买价之间的差额。

2. 税收扣除

最低月薪，对于税务居民的雇员来说，2019年的最低月薪为每月4.25万坚戈，可从雇员的应税月薪中扣除。一个日历年的最低月薪扣除总额不得超过最低月薪的12倍（51万坚戈）。

其他扣除项目包括但不限于以下内容：①义务性养老基金缴款；②个人根据哈萨克斯坦养老保险法为自己的利益自愿缴纳的养老金；③医疗费用；④指定银行的按揭贷款溢价；⑤累积保险协议下的个人自付保险费。

如果在支付源头的应纳税所得额（调整并扣除后）为负数，超出的扣税额可以结转到历年内的后续纳税期，以减少员工的应纳税所得额。

3. 个人所得税税率

以下是适用于居民和非居民的各种收入的适用税率：由当地雇主代征税的居民和非居民的雇佣工作收入适用税率为10%；辩护人和私人公证人的收入适用税率为10%；居民的资本收益、利息和奖金适用税率为10%；居民从哈萨克斯坦公司收到的股利适用税率为5%；哈萨克斯坦法人实体向非居民支付的资本利得、股息、利息和特许权使用费适用税率为15%；支付给非居民的任何其他哈萨克斯坦来源的收入，若不是从税务代理人（哈萨克斯坦法律实体）收到的，适用税率为20%。

4. 其他

哈萨克斯坦没有遗产税和赠与税。

三、哈萨克斯坦的其他税收政策

哈萨克斯坦社会保障相关税费主要有以下4种：社会税、强制性社会保险、强制性医疗保险、强制性养老保险。具体缴纳比率和适用人群

<<< 第五章 中亚独联体国家的税收政策

如下。

社会税。雇主要为雇员（包括本地人和外籍人士）缴纳社会税，税率为雇员总薪酬的9.5%。

强制性社会保险费。雇主应按3.5%的比率向国家养老金支付中心缴纳义务社会保险费。义务社会保险费的上限为每月最低月工资（约26美元）7倍的3.5%，并可从社会税中扣除。只有哈萨克斯坦公民、持有哈萨克斯坦居留证的外国人和欧亚经济联盟成员国的公民，在当地有就业协议的，才需要缴纳义务性社会保险。

强制性医疗保险（OMIC）。从2020年1月1日起，雇主的OMIC缴费比例增加到2%的比率。所有的雇主，包括分支机构和代表处，都应该为他们的所有雇员支付OMIC，包括哈萨克斯坦公民和持有哈萨克斯坦居留证的外国人，或欧亚经济联盟成员国的公民。计算扣款和缴款所接受的月收入不应超过最低月工资的10倍。而从2021年1月1日起，雇员的OMIC按2%的比例从雇员的总收入中扣留，并支付给社会医疗保险基金。雇员OMIC的总收入上限为每名雇员每月最低工资的10倍。缴纳雇员OMIC的对象是哈萨克斯坦公民、持有哈萨克斯坦居留证的外国人以及欧亚经济联盟成员国的公民。

强制性养老金（OPC）。义务养老金缴款是按10%的比例从雇员的总收入中扣留，并支付给国家养老金支付中心。缴纳养老金的总收入上限为每名雇员每月最低工资的50倍（约8215美元）。只有哈萨克斯坦公民和持有哈萨克斯坦居留证的外国人才需要缴纳OPC。此外，根据服务协议工作的个人不应该为自己的利益向国家养老金中心缴纳OPC。从2019年开始，这些人的OPC应该由税务代理（与之签订合同的公司）完成。此外，雇主必须将自己资源的5%作为OPC，分配给从事有害工作条件的雇员。

除上述相关税费外，哈萨克斯坦还存在一些小税种。

车辆税。个人对其拥有的车辆要缴纳车辆税，最高年税额为200倍月计算基数（MCI），相当于50.5万坚戈；对特定类型的车辆（飞机和铁路车辆）按每千瓦功率征收1%~4%的月计算指数。

财产税。每年按不动产平均账面净值的1.5%的一般税率征收。财产税的征收对象包括实际使用的建筑物和建筑、没有在司法当局登记的不动产。

土地税。拥有土地（在土地共有所有权的情况下为土地份额）的实体和个人必须每年缴纳土地税。土地税税率根据土地用途以及土地的大小和质量而异。

矿产开采税（MET）适用于原油、凝析气、天然气、矿物和地下水的开采量的货币价值。MET是以开采量的价值为基础，并通过将全球平均价格应用于开采量来计算的。全球平均价格的确定基于被认为是计算MET的官方来源的出版物清单。目前，原油和天然气凝析油的MET费率从5%~18%不等，取决于该日历年的累计产量。就碳氢化合物而言，如果根据买卖协议或收费协议向国内炼油厂供应，则费率可降低50%。天然气的经济适用税率定为10%。对于国内销售的天然气，其经济适用税率为0.5%~1.5%。经过初步加工的矿产品和煤炭的经济适用税率在0~18.5%之间。

四、哈萨克斯坦的涉外税收政策

哈萨克斯坦居民公司取得境外收入，一律缴纳哈萨克斯坦公司所得税。已纳外国税收实行限额抵免。哈萨克斯坦有受控外国公司规定，居民公司直接或间接持有实际税负低于10%的低税区公司股份25%以上，需将其持有外国公司应得的利润并入当年境内公司利润，缴纳公司所得税。

哈萨克斯坦转让定价规则不仅适用于跨国交易，而且适用于境内一方享受税收优惠，或亏损达2年以上，或与地下开采合同相关的交易。关联方定价要求采用公平交易原则，关联交易实行分国别申报。大额关联交易可申请预约定价。在哈萨克斯坦，向关联方支付利息，向由关联方担保的第三方支付利息，向注册低税区的公司支付利息，受资本弱化规则限制。债务权益比例为4∶1，财务公司为7∶1。超额利息不允许税前扣除，但没有视同股息分配征税规定。

对非居民支付股利、资本利得、利息、特许权使用费，预提税税率均为15%。向非居民支付保险费，预提税税率为15%，支付再保险费和国际运输费，预提税税率为5%。向非居民支付其他款项（如各种服务费）以及向低税区支付款项，预提税税率为20%。对非居民支付股利和股权利得免税条件：受益人不是黑名单地区；持股期3年以上；支付股利公司不是资源开采业公司；股利的50%以上来源于非资源开采业务。

截至2021年，哈萨克斯坦已经与57个国家签订了税收协定。在哈萨克斯坦与各国签订的税收协定中，满足持股比例或投资金额要求，股息预提税税率为0的有：科威特、荷兰、瑞士和比利时；满足持股比例或投资金额等要求，股息预提税税率为5%的有：奥地利、比利时、加拿大、克罗地亚、塞浦路斯、爱沙尼亚、芬兰、法国、德国、匈牙利、伊朗、爱尔兰、意大利、日本、韩国、拉脱维亚、立陶宛、卢森堡、马其顿、荷兰、挪威、卡塔尔、沙特阿拉伯、新加坡、斯洛文尼亚、西班牙、瑞典、瑞士、乌克兰、阿联酋、英国、美国、越南、埃及和科威特。除与科威特和瑞士的税收协定规定满足特定条件的利息预提税税率为0%外，哈萨克斯坦与其他国家签订的协定中利息和特许权使用费的预提税税率均为 10% 及以上。

哈萨克斯坦与中国协定：股息、利息、特许权使用费均为 10%，分公司税后利润征收分支机构税为 5%，无间接抵免，无税收饶让。利息免税规定：中央银行或者完全为政府所有的金融机构取得的利息免税。

需要注意的是，根据国家税务总局发布的《关于哈萨克斯坦超额利润税税收抵免有关问题的公告》（国家税务总局公告 2019 年第 1 号）规定，自 2019 年 1 月 1 日起，中国企业在哈萨克斯坦缴纳的超额利润税，应纳入可抵免境外所得税税额范围，计算境外税收抵免①。

哈萨克斯坦落实 BEPS 计划不断更新国内反避税规定。以境外非居民企业转让哈萨克斯坦公司股权的情况为例，2017 年之前，对于符合一定条件的转股行为，未设立在"避税天堂"的境外非居民企业持股超过 3 年，且被转让公司不属于地下资源采掘行业（不属于石油天然气和矿产等行业），非居民转让股权取得的资本利得可免征哈萨克斯坦预提所得税。同等条件下，股息分配的预提所得税也可以减免。但 2017 年 2 月 1 日开始，哈萨克斯坦取消了上述因 3 年以上持有期限而给予的免税优惠。可以看出，对于投资哈萨克斯坦非地下资源采掘行业的境外投资者而言，新税法释义的出台可能大幅提高投资者的税收负担。

第二节　乌兹别克斯坦的税收政策

乌兹别克斯坦（Uzbekistan）的主要税种有企业所得税、增值税、消费税、关税、财产税、土地税、印花税、水资源使用税等。乌兹别克

---

① 国家税务总局关于哈萨克斯坦超额利润税税收抵免有关问题的公告［EB/OL］. 国家税务总局，2019-01-03.

斯坦货币是苏姆（UZS）。

一、乌兹别克斯坦的流转税政策

乌兹别克斯坦的流转税政策，这里主要介绍乌兹别克斯坦的增值税政策、消费税政策和关税政策。

（一）乌兹别克斯坦的增值税政策

1. 增值税的税率

增值税一般税率为15%。该税率也适用于应税进口商品，其税基为海关价值加上进口税和消费税（对消费税应税商品）。货物出口一般为零税率。保险和大多数类型的金融服务免征增值税。

以下情况适用零税率：①按照海关出口程序从乌兹别克斯坦领土出口货物；②提供与国际运输直接相关的服务；③在乌兹别克斯坦海关领土内按照海关加工制度提供的货物加工服务；④供外国外交使团或代表使用的货物（服务）；⑤向居民出售供水、排污、卫生、供热方面的服务的营业额。

下列商品或服务享受免税政策：①学前教育机构（组织）中的托儿服务；②养老服务；③殡葬服务；④销售假肢和矫形产品，修复和保养假肢和矫形产品服务；⑤医疗机构销售其生产的产品；⑥残疾人公共基金出售的商品和服务，条件是残疾人至少占雇员总数的50%，并且残疾人薪酬基金至少占薪酬基金总额的50%；⑦邮票（收藏品除外）、邮票明信片、信封；⑧养老金和福利的支付服务；⑨使用和维护电信服务；⑩培训（教育）领域的服务，包括组织测试和考试；⑪医疗机构提供的医疗服务（美容服务除外）；⑫兽医服务；⑬药品、兽药；⑭疗养院和卫生服务，体育文化和体育组织的服务；⑮提供统一收费的客运服务，如城市交通和客运公路运输中的公共交通（出租车，定向出租车除外）、沿郊区铁路运输；⑯在住房维护和修理领域向民众提供的服务；⑰根据乌兹别克斯坦总统或内阁的决定免费销售的货物（劳务）；⑱硬币、珠宝；⑲按照免税贸易海关程序放行的货物；⑳地籍、土地管理，土壤和岩土工程，地质服务等。

下列金融服务享受免税政策：①银行业务；②提供信息和技术合作、收集、处理和提供有关银行卡交易的服务；③出售法人的授权资本中的股份，合作社共同基金和共同投资基金中的股份，证券和衍生金融工具，但出售应征税的衍生金融工具的固定资产除外；④没收和保理业务；⑤发行信贷，现金和证券贷款，包括利息；⑥与证券有关的业务（股票、债券和其他证券），与证券相关的交易包括证券存储，证券权利的注册，证券的转让，证券交易的组织的操作不包括准备服务。

下列保险服务享受免税政策：①保险，共同保险和再保险合同项下的保险费；②再保险合同下的经纪费和合同；③保险经纪人，保险和再保险经纪人，测量师和保险市场其他专业人士的服务经纪费；④保险市场专业参与者（精算师、服务员、调查人员、辅助服务人员等）提供的服务收入；⑤保险赔款；⑥在提前终止再保险合同的情况下，退还的保险费；⑦直接保险活动产生的其他收入；⑧被保险人（受益人）获得的保险金（保险赔偿）。

2. 增值税计税的主要内容

对境内提供货物和服务及进口货物应征收增值税。法人实体须缴纳增值税，增值税适用于货物和服务的营业额。应税基数为所提供货物或服务的销售价格。

以下情况，服务销售地确认在乌兹别克斯坦境内：①建筑、安装、装配和修理服务涉及的不动产或租赁的不动产在乌兹别克斯坦的；②安装、装配、修理和技术维护服务涉及的动产位于乌兹别克斯坦的；③餐饮、娱乐、休闲和其他类似服务、旅游、酒店服务和住宿、文化、艺术、体育和运动、培训（教育）领域的服务，包括组织资格考试、研讨会和扩展课程的服务、付费展览、会议、专题讨论会和其他类似活动实际发生在乌兹别克斯坦境内的［本款规定不适用于以电子形式提供的培训（教育）领域的服务］；④出发地或目的地位于乌兹别克斯坦境内的运输或运输服务；⑤直接在乌兹别克斯坦的机场和乌兹别克斯坦的领空中为飞行提供的服务，包括空中航行服务；⑥乌兹别克斯坦境内法人为通过乌兹别克斯坦境内的天然气管道提供的服务；⑦在乌兹别克斯坦境内提供的各类广告服务；⑧在乌兹别克斯坦境内从事符合条件的电子商务服务。

通过常设机构在乌兹别克斯坦境内经营的外国法人，根据常设机构的活动来确定商品（服务）销售收入。

进项税是指实体为经营目的而取得的货物和服务所征收的增值税。纳税人一般从销项税（对所提供的货物征收的增值税）中扣除进项税。进项税包括对在乌兹别克斯坦购买的货物和服务征收的增值税和对进口货物支付的增值税。

应缴纳的增值税一般为征收的销项税减去允许抵扣的进项税。与提供免税货物和服务以及非营业成本有关的进项税不能从销项税中扣除。

在乌兹别克斯坦未注册增值税的未设立企业，一般无法抵扣在乌兹别克斯坦产生的进项税。在乌兹别克斯坦注册了增值税的非居民实体在乌兹别克斯坦产生的进项税可以抵扣其销项税。

3. 增值税的税收征管

所有营业额超过 10 亿苏姆的实体，以及外国法人实体的私营企业，都被视为增值税纳税人。通过加油站向终端消费者销售汽油、柴油和天然气的法人实体，以及所有进口货物和产品的商业实体，无论其年营业额多少，都被视为增值税纳税人。

增值税按月申报，应在纳税期次月 20 日之前完成申报。纳税人有权向税务机关提出退税申请，申请退还到期的税款。如果税务机关根据税务审核结果决定全部或部分退还要求退税的税额，则应在提交退税申请之日起 60 日内将指定的税额退还给纳税人。如果申请退税的纳税人适用快速退还程序，则应在 7 日内将税款退还给纳税人。

（二）消费税政策

生产或进口应征税货物（如香烟、珠宝、汽油、酒精饮料）的法律实体须缴纳消费税。税率5%～70%不等，视生产或进口货品的种类而定。应税基数是指生产或进口货物的价值，不包括增值税。消费税要按月申报。

对提供移动通信服务和向最终消费者销售汽油、柴油、液化气和压缩气体征收消费税。此外，还对卷烟生产实行综合消费税（消费税税率包括固定税率和"从价"税率）

（三）关税政策

向乌兹别克斯坦进口某些货物需要缴纳关税。应税基数为进口货物的海关价值。根据进口货物的种类，关税税率从 5% 到 70% 不等。此外，还需缴纳进口货物海关价值的 0.2% 作为结关费，但不低于 25 美元，不超过 3000 美元。

二、乌兹别克斯坦的所得税政策

（一）乌兹别克斯坦的企业所得税政策

居民企业对其全球收入缴纳企业所得税，而非居民企业（在乌兹别克斯坦有常设机构或在乌兹别克斯坦有与常设机构无关的收入来源的外国法律实体）对在乌兹别克斯坦的活动或来源的收入缴纳企业所得税。

就乌兹别克斯坦的税收而言，企业被划分为居民企业和非居民企业。居民企业包括以下法律实体：①乌兹别克斯坦法律实体（在乌兹别克斯坦通过国家注册）；②根据国际协定被承认为乌兹别克斯坦税收居民的外国法律实体；③在乌兹别克斯坦有实际管理地点的外国法律实体；④其他法律实体被视为非居民企业的税务实体。

非居民企业如果有乌兹别克斯坦的个人所得税，则直接在其乌兹别克斯坦个人所得税的水平上纳税，或者在乌兹别克斯坦来源收入的支付来源地通过预提税纳税。

2020年，企业法人一般按15%的税率缴纳企业所得税。商业银行、水泥和聚乙烯颗粒生产商、移动服务提供商和购物中心应按20%的税率缴纳企业所得税。

乌兹别克斯坦存在简化税制。年营业额低于10亿苏姆的所有法人实体和营业额在1亿苏姆至10亿苏姆之间的个人企业家均可选择简化税制。在此制度下，营业税取代了企业所得税和增值税。一般的营业税税率为4%，但根据实体类型和所提供的服务不同，税率可能会在1%至25%之间。

企业所得税按应税利润征收，计算方法是总收入与可扣除费用之间的差额，再减去税法和其他法律等给予的适用优惠。

1. 收入确定

存货估价。乌兹别克斯坦法律允许采用加权平均成本法和先进先出法对存货进行税务估值。

资本收益。处置有形和无形资产产生的资本收益按资产售价与账面净值之间的差额计算。资本收益计入应税利润（除非特别豁免），资本损失满足条件可以扣除。非居民企业的资本收益作为"其他"收入，按20%的比例征收预提税。对非乌兹别克斯坦居民的收入扣缴税款的义务由财产的买方，即税务代理人承担。在没有购房价格证明文件的情况下，出售房产的资本收益应根据销售价格评估预提税。

股息红利收入。国内子公司向以下人士支付的股息：非居民须缴纳10%的预提税；居民须缴纳5%的预提税。国内母公司收到的股息净额不计入母公司的企业所得税基数。外国母公司收到的这种净红利将根据国内立法或避免双重征税条约规定（如果乌兹别克斯坦与该国签订了避免双重征税条约）征税。

非居民应缴纳预提税的收入（包括股息、利息和特许权使用费等形式的收入），只要有税务证明，确认非居民在与乌兹别克斯坦签订有效税务条约的国家进行了税务登记（有一定的豁免），则无须在源头预扣预提税或适用税务条约规定的较低预提税税率。

利息收入。支付给非居民的利息收入在源头按10%的税率征收预提税。外国公司收到的这种净利息收入，要根据各国的国内立法或避免双重征税规定（如果乌兹别克斯坦与该国签订了避免双重征税协定）征税。与非居民的其他类型收入（包括股息和特许权使用费等形式的收入）类似，只要有相关的居住证明，利息收入的支付无须在源头扣缴预提税，或通过自动适用税收协定降低预提税税率。

根据乌兹别克斯坦新税法规定，自2020年1月1日起，支付给居民的利息（支付给非营利组织和预算组织的除外）不需要从源头上征税，应计入收款人的收入，并按税法规定的方式征税。

特许权使用费收入。特许权使用费收入包括：科学、文学和艺术作品的版权；软件和数据库、图画、设计或模型、计划、秘密配方、技术或工艺、音像作品（表演和录音制品的版权）；专利、商标或其他类似类型的权利，以及关于工业、商业或科学经验的信息。

乌兹别克斯坦法人实体和外国法人实体的特许权使用费收入计入应税利润。

支付给没有常设机构的非居民公司的特许权使用费作为"其他"收入，按20%的比例缴纳预提税。对非乌兹别克斯坦居民的收入扣缴税款的义务由特许权使用费的支付人承担。

外国收入。居民公司的国外总收入（如国外分公司的收入）应按权责发生制计入其总收入，而不论汇款日期。根据乌兹别克斯坦税法的规定，在国外发生的与这些外国收入有关的费用可以扣除。只有当该分支机构在与乌兹别克斯坦签订了避免双重征税协定的国家注册时，就这些收入支付的国外所得税才应计入乌兹别克斯坦企业所得税。在乌兹别克斯坦税收方面，不存在应确认的递延外国收入。

2. 公司所得税扣除项目

企业所得税的税基与大多数西方司法管辖区的应税利润计算有很大不同。

外国法人实体的常设机构不能扣除额外的费用，例如总公司贷款的利息、总公司收取的佣金、总公司在乌兹别克斯坦境外发生的特许权使用费、行政和管理费用。但是，如果在乌兹别克斯坦境外发生的费用与其在乌兹别克斯坦的业务直接相关，则可予以扣除。

就税务而言，折旧与摊销是按税法规定的税率计算的。如果会计折旧按较高的比率（与税法税率相比）计提，其差额在企业所得税中作为暂时性差异处理（在未来期间扣除）。

折旧从资产投入使用的次月起计算，直至全部折旧、处置或注销为止。不同类型固定资产的年折旧率从3%~20%不等。

在法定的会计范围内，固定资产可以采用以下方法之一计提折旧：直线法、生产量法、双倍余额递减法、年数总和法。无形资产（包括租赁和其他产权）按资产的使用年限或企业的活动期两者中较短的时间进行摊销。如果无法确定资产的使用年限，可以按五年摊销。

与开采天然资源所需的地质勘探及开发工程有关的开支，可按年率15%的折旧率在企业所得税中扣除。

在税收方面，收购商誉所发生的费用，应按纳税人根据商誉的历史成本和使用年限计算的规范，通过每月摊销费用进行扣除。

现行法律没有就开办费用的税务处理提供具体指导。不过，根据乌兹别克斯坦会计法，某些类型的开办费（如获得生产权、提供服务和开展工作的权利、使用经济或其他特权的权利的费用）可视为采购无形资产的费用，可分别通过每月折旧费扣除。

利息可以扣除，但逾期与延迟贷款的利息即"罚息"和根据乌兹别克会计法在固定资产价值中资本化的利息除外。

如果根据乌兹别克斯坦会计法确认坏账，则可在税收方面予以扣除。否则，这些费用应被视为不可扣除。根据乌兹别克斯坦现行法律，欠款在到期日起三年后确认为坏账。

慈善捐款一般被视为不可抵扣的费用，并加回应纳税基数。罚款和罚金被视为不可抵扣的费用。一般来说，在企业所得税中，税款是可以扣除的。

在法定规范范围内的生产损耗和缺陷，以及因不可抗力造成的损失，一般可以扣除。处置固定资产的损失，如果该固定资产已使用三年以上，也可以扣除。

税收损失可以结转5年，允许减少相应年度的应税收入，最多可减少60%。对国外子公司提供服务的付款，没有特别的税收规定。如果符合一般的扣除标准，这些款项可以全额扣除。

3. 税收征管

企业所得税的纳税期限为一个公历年度，申报期为一个季度。乌兹别克斯坦法人实体和私营企业均应在报告季度后的下一个月的20日之前按季度申报企业所得税。年度纳税申报应在报告年度后的3月1日前完成。法人实体必须在各报告季度的申报截止日期之前支付其应缴税款。

上一税期年收入超过50亿苏姆的法人实体必须按月预付税款。每月的预付款应在每月23日之前支付。预付款可能出现的超额部分可以递延至以后各期，抵扣其他税种的负债，或在提出退税申请后15天内由税务机关退还。

税务稽查流程。乌兹别克斯坦引入了新的税控机制，规定将根据风险分析的结果指定税务审计。具体来说，纳税人将被分为三个风险组：高风险（红色）、一般风险（黄色）和低风险（绿色）。绿色组的纳税人不会被稽查，而红色组的纳税人每年都可能被稽查。

税务机关将根据以下内容进行风险分析：①纳税人的税务报告和财务报告；②从其他国家机关获得的关于纳税人的信息；③税务风险标准和环节；④台账式税务稽查包括检查纳税人向税务机关报送的报告，并与国家机关的数据进行比对，之后纳税人应当对税务报告进行修改或提出合理的理由。台账式税务稽查后，不会进行经济处罚，但可能会产生罚款。

现场税务稽查是为了收集税费的计算和缴纳情况以及其他义务。根据现场税务审计的结果，将不会收取额外的税款。

税务稽查是对具有高风险、营业额大的纳税人是否遵守税法的全面研究。税务稽查是根据不缴税的风险因素分析结果，对选定的纳税人进行税务稽查。税务稽查后,可能会被追加税款和经济处罚。

在2022年1月1日之前,税务机关必须将指定的税务审计通知商业监察员。

税务机关重点检查范围。税务审计中没有正式公布的重点领域。在实践中,税务机关通常将重点放在货币控制、现金纪律、企业所得税的费用扣除、资源税(如超额利润税、地下使用税)等方面。

(二)乌兹别克斯坦的个人所得税政策

在乌兹别克斯坦,个人应根据其居民身份纳税。居民定义是:在一个日历年结束的12个月内,在乌兹别克斯坦实际居住183天或以上的个人。不符合这一标准的个人被视为非居民。居民对在世界各地的收入纳税,非居民只对来自乌兹别克斯坦的收入征税。

1. 应税收入

一般来说,所有收入和实物福利在乌兹别克斯坦都要纳税,有特别的免税规定的除外。特别免税的收入包括赡养费、解雇费和国家养恤金收入。

各类收入的纳税情况如下:

雇佣工作收入。工作收入包括所有现金和非现金薪酬、津贴和因就业而产生的福利。

自营收入。一般来说,自营业收入包含在个人总收入中,并按一般个人所得税税率纳税。

董事费。董事费一般计入总收入,按一般个人所得税税率缴纳个人所得税。

投资收入。从乌兹别克斯坦公司获得的股息和利息收入,纳税居民个人需按5%的税率缴纳预提税,非居民个人需按10%的税率缴纳预提税。特许权使用费和其他投资收入按一般个人所得税税率纳税。但是,个人从存款证、银行存款和政府证券中获得的利息收入免于纳税。

雇主提供的股票期权。乌兹别克斯坦法律没有规定对股票期权征税的具体措施。

资本收益和损失。资本收益通常按一般个人所得税税率征税。出售私人非经营性财产所得的资本收益免税。如果在12个月内进行了一次交易，则出售住宅楼房所得的资本收益可免于纳税。资本损失不得扣除。

2. 税收扣除

对个人而言，乌兹别克斯坦不允许有重大的税收减免。损失不得由个人转回。

3. 个人所得税税率

乌兹别克斯坦居民个人所得税一般按12%的统一税率征收，非居民按20%的统一税率征收。

4. 其他

乌兹别克斯坦不征收财富税和净值税。乌兹别克斯坦没有遗产税和赠与税。但是，根据财产的类型及其来源，通过礼物接收财产的个人可能需要支付个人所得税。

三、乌兹别克斯坦的其他税收政策

社会税。在本地和外国雇员的工资总额中征收，并由雇主支付。社会税税率如下：一般纳税人适用12%的税率，预算组织适用25%的税率，"乌兹别克斯坦SOS儿童村"协会适用7%的税率，使用在专业车间、部门和企业工作的残疾人劳动力的纳税人税率为4.7%。

土地税。拥有土地或土地使用权的企业，包括在乌兹别克斯坦经营的外国法人实体，每年都要缴纳土地税或土地租赁费。土地税按绝对值征收，具体数额由《乌兹别克斯坦共和国国家预算法》确定，根据每块土地的质量、位置和供水水平的不同而不同。土地租赁费按可协商的费率收取，但最低金额不得低于相应地块的土地税率。土地税和土地租赁费是根据土地使用面积计算的。

可再生能源的生产者对可再生能源装置所占用的地块自投入使用之日起10年内免缴税款。农用地的税率定为农用地标准价值的0.95%。对地块的税率引入0.1的系数，以取代之前给予某些法人实体的优惠。

从2020年1月1日起，乌兹别克斯坦新税法引入了一项规范，规定在提高农用地质量（提高产量等级）的情况下，法人单位从土壤骨化的次年年初起，按新的产量等级的农用地规范价值缴纳税款，不在农业活动完成的时期重新计算

财产税。法人企业的财产税税率为2%。税款每年计算一次，以不动产的账面净值为基础，并根据每年1月1日进行的重新估价的影响进行调整，同时计算逾期建筑和闲置设备（建筑）的价值。逾期未完工的建筑和闲置设备（建筑）的税率加倍。

对已提足折旧的建筑物，按其重估（市场）价值征收财产税，至少每三年确定一次。替代能源生产企业自注册之日起10年内免征可再生能源装置的财产税。财产税每年在报告年度的次年2月15日前申报。

对作为固定资产一部分的不动产，微型企业和小型企业应每三年进行一次强制性重估。税法规定了某些非应税财产，主要包括公共服务设施（如水利工程设施）、燃气和热力分配管道、地块和公路。

四、乌兹别克斯坦的涉外税收政策

乌兹别克斯坦境外收入，无论是否汇回，均并入境内企业利润，缴纳企业所得税。居民企业境外收入在境外已纳税，来源于税收协定国依

据税收协定抵免，来源于非税收协定国不得抵免。无受控外国企业规定。

乌兹别克斯坦转让定价机制采用独立交易原则，若关联交易不符合公平交易原则，税务机关有权进行调整。在关联交易中，出于逃避税收目的而采用与对方商业或者财务交易条款不符合的条件，导致少缴税款的，将被处以未缴税额40%的罚款。乌兹别克斯坦有资本弱化规定，关联债资标准比例为3:1，银行和租赁公司为13:1。纳税人实际支付的关联债权利息支出，超过上述规定比例的不得在税前扣除。有受控外国企业规定，将于2022年1月1日起施行。受控外国企业制度适用于乌兹别克斯坦税收居民（包含个人与企业）拥有或控制外国企业或其他法律机构。受控外国企业的留存收益应当视为乌兹别克斯坦控制人的收入，按照其持股比例计入乌兹别克斯坦控制人的企业所得税或个人所得税的计税依据中。

乌兹别克斯坦规定：对非居民支付股利和利息，预提税税率为10%；向非居民支付保险费和再保险费，预提税税率为10%；向非居民支付运输费，预提税税率为6%；支付特许权使用费、管理服务和咨询服务费、租金、其他收入，预提税税率为20%。

截至2022年，乌兹别克斯坦已经与54个国家签订了税收协定。在乌兹别克斯坦与各国签订的税收协定中，满足一定条件股息预提税税率为0%的：埃及、科威特、荷兰、阿曼和阿联酋；向新加坡和吉尔吉斯斯坦支付股息，预提税税率为5%；满足持股比例要求时，股息预提税税率为5%的：奥地利、比利时、加拿大、捷克、埃及、爱沙尼亚、芬兰、法国、格鲁吉亚、德国、爱尔兰、日本、科威特、卢森堡、摩尔多瓦、荷兰、波兰、韩国、西班牙、瑞士、塔吉克斯坦、阿联酋和英国。满足借款方或放贷方严格的身份要求，利息预提税税率为0的：奥地利、比利时、保加利亚、加拿大、捷克、埃及、芬兰、法国、格鲁吉亚、德国、希腊、匈牙利、印度、意大利、日本、哈萨克斯坦、科威特、拉脱维亚、立陶宛、卢森堡、马来西亚、摩尔多瓦、荷兰、阿曼、巴基斯坦、波兰、罗马尼亚、俄罗斯、西班牙、瑞士、泰国、土耳其、土库曼斯坦、阿联酋和越南；利息预提税税率为5%的：捷克、爱沙尼亚、芬兰、法国、德国、爱尔兰、意大利、日本、吉尔吉斯斯坦、新加坡、韩国、西班牙、瑞士和英国。向法国、俄罗斯支付特许权使用费，预提税税率为0。

中国与乌兹别克斯坦税收协定明确：股息、利息、特许权使用费预提税税率均为10%。分公司税后利润不征税。无间接抵免，无税收饶让。利息免税规定：中央银行或者履行政府职责，并且完全为政府所有的金融机构取得的利息免税。

第三节 塔吉克斯坦的税收政策

塔吉克斯坦（Tajikistan）的主要税种有公司所得税、增值税、消费税、关税、土地税、不动产税、社会税、道路税和车辆税等。塔吉克斯坦货币是索莫尼（TJS）。

一、塔吉克斯坦的流转税政策

塔吉克斯坦的流转税政策，这里主要介绍塔吉克斯坦的增值税政策、消费税政策和关税政策。

（一）塔吉克斯坦的增值税政策

1. 增值税税率

增值税一般是对应税营业额进行评估，包括商品和服务。增值税税率为应税销售额的18%（出口和使用较低税率的情况除外），应税出口额的18%（以下简称标准税率）。商品出口应按零税率缴纳增值税，但稀有金属、宝石、稀有金属和宝石制成的珠宝首饰、初炼铝、精金属、黑色和有色废金属以及其他在塔吉克斯坦生产的金属、在经济自由区生产的商品、皮棉、棉线和籽棉除外。

一般来说，税法规定以下商品和服务免征增值税：根据供应地规则不在塔吉克斯坦境内提供的商品和服务；不动产的销售、转让或租赁；金融服务；某些医疗服务；以及某些其他商品和服务。此外，在塔吉克斯坦证券交易所开展活动的专业参与者可免征增值税5年。

对于货物而言，如果交货条款规定了货物运输，则供应地被确定为初始运输点。在其他情况下，货物供应地确定为货物转运地。服务一般被认为是在服务提供者的营业地或实际提供服务的地点提供的。但是，某些类型的服务被认为是在买方所在地提供的。此类服务包括法律、营销、咨询、会计、工程、审计、数据处理等。

2. 增值税计税的主要内容

应税交易价格的确定：①应税交易成本的价格根据纳税人从客户或从其他个人处获得或有权获取的总金额（成本，包括实物形式的价格表现形式）来确定，该总金额包括所有关税、税金或其他税费，但不包括增值税。②纳税人因转让应税交易而获得或有权获得商品、工程或服务时，应税交易成本包括这些商品、工程或服务未扣除增值税的市场价格（包括任何形式的关税、税款或其他税收）。③如果纳税人转让应税交易时未获得或无权获得某种价值，应税交易成本等于纳税人在进行上述应税交易过程中提供商品、工程或服务而未扣除增值税的市场价值（包括任何形式的关税、税款或其他税收）。

使用标准税率时可抵扣的增值税税额为：①在发票上注明纳税人名称并标明的增值税税额；②根据塔吉克斯坦共和国海关法办理的货物报关单中注明，并按照规定程序向塔吉克斯坦财政进行缴纳，且根据海关制度规定不应返还的税额；③铁路或航空运输工具上发放的客票中注明的税额；④公共服务供货方所使用票据中注明的税额，且该公共服务通过银行进行结算。

如果根据向纳税人开具的商品出口和应税交易的增值税发票，纳税人应缴纳（已缴纳）增值税，且这些商品和应税交易一部分用于纳税人的经营活动，一部分用于其他目的，那么根据它们在经营活动中的使用比重，进行增值税的抵扣。

在以下情况下，不允许进行已缴纳（应缴纳）的增值税的抵扣：①轻型汽车，不包括出售或出租给以出售和出租汽车为主要经营活动的经营人员的汽车；②娱乐或接待费用，用于慈善事业或社会目的费用支出；③增值税发票，发票中应注明该应税交易的增值税税额，根据增值税发票的相关规定，在发票中未单独注明的增值税税额；④地质勘探作业的支出及自然资源开采准备作业的支出；⑤与可计提折旧的固定资产和可计提折旧的非实物资产的购买、生产、工程施工、安装及修复（修理）无关的支出；⑥从由于捏造增值税发票而被认定为失信纳税人处购买的商品（工程、服务）支出；⑦在使用增值税较低税率时的所有支出，与税法规定人员的应税出口有关的支出除外。

如果进项增值税超过评估的增值税，合格的出口商一般可以获得增值税退税。

3. 增值税的税收征管

如果纳税人在前 12 个月的应税营业额超过 100 万索莫尼,个人和企业必须登记为增值税纳税人。

增值税的纳税期为一个日历月。每个纳税人有义务:①向所属税务机关提交各个会计期的增值税纳税申报表;②在每年 4 月 15 日之前,向所属税务机关提交上一个日历年度业务的补充或校正报表,并说明增值税和消费税发票栏的消费和结余情况;③在规定的增值税申报表提交期限内,缴纳各个会计期的税款(上述规定不适用于仅在商品进口环节时缴纳税款的纳税人)。

如果无特殊规定,在当前会计期后次月的 15 日内,提交各个会计期的增值税申报表。同时,按照国家主管税务机关批准的格式以纸质版或电子版的形式与报表一同提交由该纳税人开具的单个会计期内增值税发票清单和第三联增值税发票,以及该纳税人在该会计期内购买商品(工程、服务)时获得的第二联增值税发票。

(二) 消费税政策

消费税纳税人是个人和从事应税业务的法律实体的单独分支机构。此外,消费税纳税人还包括在塔吉克斯坦从事应税活动的外国法律实体和个人。

应税货物是:①所有类型的烈酒、软饮料和酒精饮料;②加工烟草、工业烟草替代品、烟草制品;③以矿物为基础的燃料、石油和精炼石油产品;④沥青类物质;⑤矿物蜡;⑥液化气;⑦轮胎和橡胶充气轮胎外壳,翻新或使用过的轮胎和橡胶充气轮胎外壳;⑧实心或半充气轮胎和轮胎外壳,橡胶轮胎胎面和轮辋条;⑨客车和其他用于客运的机动车辆;⑩用贵金属和宝石制成的首饰,以及用贵金属和/或宝石覆盖的零件。

应税活动有：①各种标准的公共蜂窝移动通信服务；②数据传输服务（包括电缆通信和 IP 电话），包括通过运营商网络提供的服务；③电信机构的服务；④通过运营商网络的国际（长途）电信服务。

塔吉克斯坦确定了应税商品的消费税税率，消费税税率可按应税商品价值的百分比或按应税商品的计量单位的固定数额确定。烈性酒产品的消费税税率根据产品中纯酒精（100%）的含量确定。电气通信领域的单独服务类的消费税税率按税基的 5% 确定。消费税纳税人应在纳税申报期后的下一个月的 10 日内提交纳税申报。以下情况可免于缴纳消费税：①个人根据清单在塔吉克斯坦政府规定限度内生产的供自己消费的酒精饮料；②个人进口两升酒精饮料或两箱（400 根）香烟、珠宝，数量为 4 个单位（价格不超过 150 个计算指数），供自己消费，也供乘坐机动车进入塔吉克斯坦的人消费；③油箱内的物品；④在塔吉克斯坦领土上过境的货物；⑤在塔吉克斯坦领土上临时进口的货物，但打算转口的货物除外。

（三）关税政策

政府规定的关税税率从 0 到 23% 不等，按从价计征、特定税率或两者结合的方式实施。某些类型的商品（如某些类型的印刷品、未加工的羊毛、气态碳氢化合物、电力）的税率为 0。

报关费用：如果没有货物认证，就不能办理结关手续，进口商应根据认证专家花费的时间支付费用。根据关税价值，清关费用约为 10 美元至 450 美元不等。

二、塔吉克斯坦的所得税政策

（一）塔吉克斯坦的企业所得税政策

在塔吉克斯坦，所有塔吉克法律实体都要缴纳企业所得税。塔吉克居民企业按其全球收入征税。非居民企业在塔吉克斯坦只对来自塔吉克斯坦的收入征收企业所得税。通过常设机构经营的非居民一般也要遵守同样的企业所得税规定。塔吉克斯坦没有省级或地方所得税。

除企业所得税外，若没有适用的避免双重征税条约规定了较低的税率，则常设机构还需按扣除企业所得税后净利润的15%的税率缴纳分支机构利润税。

根据塔吉克斯坦法律成立的法律实体，以及实际控制（管理）在塔吉克斯坦的法律实体，均被承认为企业所得税的居民。

根据塔吉克斯坦的一般规定，在塔吉克斯坦领土上通过固定地点进行的任何活动，包括通过附属代理人进行的活动，无论这些活动的时间长短，都将产生非居民的常设机构。

企业所得税的计算方法是对应税收入适用23%的法定税率（制造业企业为13%），其计算方法是以总收入减去允许的扣除额和从以前的时期结转的损失为基础。

塔吉克斯坦存在简化税制。小企业实体简化税制是一种特殊的税制，根据这种税制，小企业法人实体的所得税或个人企业家的所得税应按简化程序缴纳。年收入总额不超过100万索莫尼的小企业适用简易税制。简易制度下适用税制的税基是收入总额。对于与商品生产有关的活动，税率为4%（非现金交易）或5%（现金交易）；对于其他活动，税率为5%（非现金交易）或6%（现金交易）。按照简化制度纳税的纳税人不需要缴纳：①所得税，但不包括预扣税（WHT）；②公路税；③个体工商户的收入所得税，按证经营，但预提税除外；④增值税，但进口环节增值税和反征增值税除外。

塔吉克斯坦境内有四个免税区，要求的投资额：制造企业最低50万美元，贸易公司最低5万美元，咨询和服务公司最低1万美元，从事家禽养殖和联合饲料生产的关税最低1600万美元。免税区内企业免征进口环节关税、增值税和报关费，免征经营环节增值税、道路税和财产税，免税期2~12年。

1. 应纳税所得额

所得税是根据应税收入评估的，即总收入与允许的免税和减税额之间的差额。经营性净亏损可结转三年，但不得转回。

（1）收入确定

存货：对于存货的会计处理，上市公司必须适用《国际财务报告准则》，其他法律实体可采用《国际财务报告准则》或《国家会计准则》。税法允许采用以下存货方法：后进先出法（LIFO）、先进先出法（FIFO）和加权平均法。对于上市公司来说，由于《国际财务报告准则》不允许采用后进先出法，因此税法和账面法可能会出现不匹配的情况。对于其他法人实体，如果税务会计遵循本国会计准则，则计税方法与账面方法相匹配。

资本利得：一般来说，证券的资本收益作为商业利润征税。在塔吉克斯坦证券交易所出售证券的资本收益可享受五年的免税期。

股息收入：一般来说，股息需要在源头预扣12%的所得税。预提税豁免只适用于作为政府预算净收入分配的一部分而支付的股息。在源头扣缴的股息不包括在年度总收入中。但如果红利没有在源头征税，则该红利应包括在接受红利的人的年度总收入中，并按标准企业所得税税率征税。居民和非居民（投资者）从塔吉克斯坦证券交易所上市的证券中获得的红利可在5年内免税。

利息收入：税法将利息收入定义为与债务相关的任何费用所获得的收入。在塔吉克斯坦，利息收入应缴纳企业所得税，并应计入年度总收入。支付给非居民的利息收入须在源头预扣12%的所得税。

特许权使用费收入：居民实体获得的特许权使用费收入应计入年收入总额，并按标准的企业所得税税率征税。非居民从塔吉克斯坦来源获得的特许权使用费收入应按 15% 的税率缴纳预提税。

外国收入：塔吉克居民按其全球收入征税。在塔吉克斯坦，非居民只需对来自塔吉克斯坦的收入缴纳企业所得税。

（2）扣除项

一般来说，所有与赚取收入有关的营业费用（如材料、工资），如果是与赚取收入有关的，而不是资本性的，并且有适当的文件证明，都可以作为扣除项目。

固定资产折旧：与固定资产有关的成本费用，一般按 7%~20% 的折旧率，采用余额递减法进行扣除。

无形资产摊销：税法规定，如果无形资产的使用期不少于 12 个月，且使用寿命有限，则允许扣除此类资产的费用。这类资产包括许可证、创新专利、商标、法人名称使用协议等，应通过摊销扣除。

开办费：开办费用不能扣除。但是，在注册分公司的情况下，总公司可以扣除与设立该分公司有关的费用。

利息支出：利息扣除额一般限于塔吉克斯坦国家银行再融资利率的三倍（目前为 10.75%）。对于某些实体，可能适用其他限制。

坏账：如果与坏账有关的收入已经纳入企业所得税计税范围，则允许纳税人扣除坏账。当坏账在会计账簿中注销时，可予以扣除。银行和其他金融机构有特别规定。

慈善捐款：慈善捐款可按实际支付的捐款额扣除，但不得超过应纳税所得额的 10%。

罚款：向塔吉克斯坦和其他国家的预算支付的罚款不能扣除。

税款：除企业所得税和个人所得税外，向塔吉克斯坦和其他国家预算缴纳的税款可以扣除。

不可扣除的费用：税法特别提到的不可抵扣费用包括餐饮娱乐、个人支出、乘用车和非营业性支出；从关联方取得的借款汇兑差额不允许扣除。

支付给国外子公司的款项：税法中没有关于扣除支付给外国子公司的款项的特别规定，因此，应适用费用扣除的一般规则。

2. 税收征管

税法规定以公历年为纳税年度。年度企业所得税申报应在纳税年度结束后的4月1日前完成。纳税人须提交每月（每季度）预缴企业所得税的估算结果。纳税人应按月提交反映其相应月份收入和支出的通知书，以备所得税之用。除税法另有规定外，一般税制的纳税人须每月与税务机关进行一次对账。

纳税人必须在报告年度的次年4月1日前提交年度财务报表和所得税申报。就企业所得税而言，预付款应在每月（季度）的15日支付。任何尚未支付的企业所得税负债必须在报告纳税期后的4月10日之前支付。

罚款和利息罚金。对未提交纳税申报的罚款金额最低为1个计算指数，目前为58索莫尼，最高罚款为100个计算指数，即5800索莫尼。罚款金额取决于纳税人的类别，应根据每延迟10天进行评估。在没有报税单的情况下，税务机关有权根据任何可获得的信息来评估税款。可按少报税款的25%~40%进行罚款。在严重的情况下，违法行为可被视为刑事犯罪。

对于未扣缴和汇缴税款的行为，可处以未扣缴税款的25~200计算指数（约合1450~11600索莫尼）的罚款。滞纳税款的，可按少缴税款的日数，按少缴税款的0.05%处以利息罚金。

税务稽查程序。塔吉克斯坦税务当局有权进行定期税务稽查（每年一次的计划税务稽查）。一般来说，有两种定期类型的稽查。①计划中的税务稽查。计划内的税务审计是根据主管部门公布的属于税务审计范围的实体名单进行的。②计划外的税务稽查。法人实体的重组或清算、底土使用合同到期、确认申报收取的增值税额等，都可能引发计划外税务稽查。

文档式税务稽查又可细分为全面稽查（覆盖所有税种）、专题稽查（仅覆盖特定税种）、交叉稽查（仅覆盖与特定交易方的交易）。全面审计和专题审计每年可进行一次。

对实施简易税制的小企业，自注册之日起满36个日历月后，方可进行首次计划文档税务稽查。

除税法另有规定外，税务机关最迟在文件式税务稽查开始前10个工作日向纳税人发出或出示税务稽查通知书。纳税人有权在10日内对内部监督中发现的违法行为作出解释。

（二）塔吉克斯坦的个人所得税政策

个人所得税时采用0~13%的累进税率，非居民的工作收入按25%的税率征收。塔吉克斯坦存在个税简化税制。如果个人企业家的年总收入不超过100万索莫尼，则适用简化税制。根据该制度，个人企业家应根据活动类型，按4%或6%的税率纳税。

个人所得税的纳税人包括居民和非居民个人。塔吉克斯坦公民、申请塔吉克斯坦共和国公民身份或在塔吉克斯坦永久居住但未申请塔吉克斯坦公民身份的个人，视为塔吉克斯坦居民。

在连续的12个月内，在塔吉克斯坦境内实际停留时间不足182天的个人，被视为塔吉克斯坦的非居民。如果非居民个人在塔吉克斯坦境内实际停留时间超过182天，从第183天起，该个人将被视为塔吉克斯坦居民。

居民个人所得税的征收对象是总收入与塔吉克斯坦税法规定的扣除额之间的差额。个人的总收入包括：对于塔吉克斯坦居民的个人，来自塔吉克斯坦的收入和来自塔吉克斯坦境外的收入；对于塔吉克斯坦非居民个人，仅包括来自塔吉克斯坦境内的收入。

个人获得的总收入分为以下几类：以工资形式获得的收入、非受雇工作的收入和任何其他收入。

以工资形式获得的收入：在确定塔吉克斯坦居民的个人所得税税率时，须考虑纳税人的个人扣除额。该金额不需纳税（根据塔吉克斯坦相关法律，个人扣除额为55索莫尼）。超过个人扣除额在140索莫尼以内的个人所得税税率为8%，超过140索莫尼为13%。塔吉克斯坦居民在主要工作地点以工资形式获得的收入，也要扣除1%的社会税。

个人工资收入形式的所得税和社会税、源头预扣税款的单一申报表应在报告月份的下一个月15日前提交。非塔吉克斯坦居民的个人工资和其他收入形式的收入应按25%的税率缴纳所得税，预扣税申报表也应在报告月份之后的下一个月的15日之前提交。

个人与受雇工作无关的活动收入：利息收入12%；股息收入12%；财产租金收入或者财产销售收入13%；特许权使用费收入12%；纳税人的债权人交出的债务金额13%；其他收入13%。个人收到的工资、股息、利息、奖金、特许权使用费和其他收入形式的收入，在塔吉克斯坦的支付源头已被征税，应从纳税期间收到的应税收入中扣除。

扣除项目：①个人津贴，允许个人扣除一个计算指数和1%的社会税。税法还设定了针对某些群体（退伍军人、残疾人等）的个人杂项补贴。②企业扣除，个体工商户与法人企业基本一样，可以享受经营性扣除。

以下个人收入无须缴纳个人所得税：其他个人的赠品、国家养恤金、赡养费、福利、出售不动产的收益（在某些情况下）、保险费和其他付款。个人（居民和非居民）出售塔吉克斯坦股票交易所上市的证券所获得的资本收益免于征税。

税务代理机构有义务在不晚于申报月的次月15日前，按支付来源申报扣缴所得税。

下列人员必须在纳税年度的次年4月1日前进行纳税申报：有未在税源地纳税所得的个人、有境外银行账户的个人以及法律规定的某些其他个人。

一般情况下，扣缴义务人需要向个人报告并扣缴款项。税务代理机构应在报告日之前支付款项。

三、塔吉克斯坦的其他税收政策

社会税：雇主有义务按工资的25%缴纳社会税。除了雇主的部分外，还从雇员的收入中预扣1%的社会税。个体企业家按收入的20%征税。除社会税外，雇主不承担任何工资税。

土地税：每年根据塔吉克斯坦政府规定的适用于地块面积的税率缴纳地块税，税率因地块的位置不同而不同。

不动产税：不动产税每年都要缴纳，适用于不动产，如建筑物、房屋和公寓。不动产税税率从3%到15%不等，取决于地区系数。

印花税：塔吉克斯坦没有印花税。

道路税：道路税的计算公式为报告年度的扣除总额乘以1%的税率（贸易公司为0.25%）。如果实际扣除额不超过总收入的70%，则道路税的税基为总收入的70%。

车船税：车船税是按照适用于发动机马力的计算指数的一个百分比

计算的。这个百分比从 1% 到 15% 不等。

四、塔吉克斯坦的涉外税收政策

居民公司就境内外全部收入缴纳塔吉克斯坦的公司所得税。居民公司已对外国税收实行限额抵免。居民公司持有避税地公司 10% 以上股份，会被认定为受控外国公司规定。

塔吉克斯坦的转让定价机制采用公平交易原则，税务机关对下列交易进行调整：关联方交易、易货交易、涉及避税地公司、交易中的一方享受税收优惠政策、交易价格偏离市场价格 15% 以上。塔吉克斯坦没有资本弱化规则，但对利息支出有限制规定。允许税前扣除的利息费用为国家银行再融资利率（2021 年为 10.75%）的三倍以内。塔吉克斯坦有受控外国公司规定，根据该条款，在税收优惠国家注册的居民子公司（超过 10% 的所有权）获得的收入应包括在居民收入中。

塔吉克斯坦规定：对非居民支付股利和利息，预提税税率均为 12%。向非居民支付保险费和再保险费，预提税税率为 6%。支付国际运输费和电信费，预提税税率为 5%~6%。向非居民支付特许权使用费、租金、管理费，预提税税率为 15%。

截至 2022 年，塔吉克斯坦已经与 35 个国家签订了税收协定。在塔吉克斯坦与各国签订的税收协定中，满足持股比例和持股时间要求，股息预提税为 0% 的：阿联酋、卢森堡、比利时、拉脱维亚。满足持股比例和持股时间要求，股息预提税为 5% 的：奥地利、文莱、中国、捷克、芬兰、德国、印度、科威特、吉尔吉斯斯坦、拉脱维亚、摩尔多瓦、巴基斯坦、波兰、罗马尼亚、俄罗斯、沙特阿拉伯、韩国、瑞士、英国和乌兹别克斯坦。利息预提税税率为 0% 的：德国和阿联酋（英国、泰国、瑞士、韩国、俄罗斯、卢森堡、拉脱维亚、印度、芬兰、捷克、比利时、白俄罗斯、奥地利在与塔吉克斯坦税收协定中也有利息预提税税率为0%的情形,但对借款方和放款方有严格的身份要求);利息预提税税率为5%的:摩尔多瓦。特许权使用费预提税税率为0的:俄罗斯;特许权使用费预提税税率为5%的:芬兰和瑞士。

中国与塔吉克斯坦税收协定明确:持股25%以上时,股息预提税税率为5%,持股25%以下时,股息预提税税率为10%。利息和特许权使用费预提税8%。分公司税后利润,不再缴纳分支机构税。持股20%以上,可以间接抵免。无税收饶让条款。利息免税规定:中央银行或者完全为政府所有的金融机构取得的利息免税。

第四节 吉尔吉斯斯坦的税收政策

吉尔吉斯斯坦(Kyrgyzstan)的主要税种有企业所得税、增值税、销售税、关税、消费税、地下使用税、工资税、财产税和土地税。吉尔吉斯斯坦货币是索姆(KGS)。

一、吉尔吉斯斯坦的流转税政策

吉尔吉斯斯坦的流转税政策,这里主要介绍吉尔吉斯斯坦的增值税政策、消费税政策和关税政策。

(一)吉尔吉斯斯坦的增值税政策

1. 增值税税率

在吉尔吉斯斯坦,对国内应税商品和服务、进口应税商品和劳务征收增值税。对用于商业目的的购买行为所征收的进项增值税通常与应税供应品的销项增值税相抵销。增值税标准税率为12%。某些商品和服务可以享受零税率，还有一些免征增值税的项目。

根据供应地规则，如果货物和服务被认为是在吉尔吉斯斯坦供应的，则应缴纳增值税。根据这些规则，如果货物是由供应商运输的，则交易地在货物运输开始的地点，而在所有其他情况下，则在货物转移给客户的地点。关于服务供应地的确定比较复杂。未特别提及的服务被视为在服务提供者设立营业地提供。某些其他服务则被视为在买方所在地提供。

零税率项目：包括出口（某些有限的出口类型除外）、国际运输和与国际运输有关的过境航班服务有关的服务。为外交和领事代表的公务用途提供的货物、工程或服务是应税的，但在满足某些条件的情况下，可以退税。

免税项目：①包括金银合金和精炼金银的供应和出口；②药品的供应；③地块；④国际航空运输经营者消耗的航空燃油的供应和进口；⑤本地企业生产的仅以电动机为动力的车辆；⑥残存的建筑物和建筑；⑦保险、养老金和金融服务；⑧工程和服务的出口。纳税人同时产生应税物资和免税物资时，按免税物资占总物资的比例计算的进项增值税不得抵扣。

对以农业为目的经营机耕站、商贸物流中心的实体，可免征所得税、增值税和营业税。

2. 增值税计税的主要内容

一般情况下，纳税人的增值税税负计算方法为：报告期内的增值税销项税额（纳税人征收的增值税）减去增值税进项税额（纳税人向供应商支付的增值税）。进项增值税超过销项增值税的部分，一般可以结转抵扣未来的增值税负债。

不可抵扣进项增值税：如果增值税进项税额是在接受与企业经营活动无关的货物、工程或劳务时支付的，或者是与增值税免税物资的进项有关的，则不允许抵扣。

某些进口产品，包括进口技术设备，如果用于自己的生产目的，可免征增值税。对进口到吉尔吉斯斯坦的某些固定资产，还可以采取优惠的抵扣方式结算增值税。

3. 增值税的税收征管

所有登记为增值税的纳税人都必须对其应税供应品征收增值税，并计算和报告其增值税负债。义务登记为增值税纳税人的门槛已提高到800万索姆。但即使一个实体不需要进行增值税登记，它仍然可以通过向适当的税务委员会提交申请来自愿进行登记。

增值税的纳税期限为一个日历月。提交增值税申报材料的时间为申报期次月25日前（大户纳税人除外，大户纳税人的申报时间为申报期次月月底前）。增值税纳税义务人应于申报期次月25日前缴纳增值税。

从2020年7月1日起，所有增值税纳税人、进口商和出口商都将强制执行电子发票。

（二）消费税政策

进口到吉尔吉斯斯坦或在吉尔吉斯斯坦生产的某些商品须缴纳消费税。包括某些酒精和酒精饮料、强化饮料、啤酒、烟草制品、白金和石油等产品。

吉尔吉斯斯坦政府会每年调整消费税税率。2018年，烟草商品的消费税税率提高到每公斤460索姆，雪茄的消费税税率提高到每支115索姆。需要注意的是，2018年卷烟和雪茄烟的消费税税率分别提高到每千单位1250索姆和920索姆。

自2021年1月起，酒精乙酯和某些种类的酒精饮料的消费税税率提高如下：伏特加和酒精饮料、强化饮料的消费税由此前每升 100 索姆提高到 2021 年为每升 120 索姆，2022 年为每升 140 索姆，2023 年起为每升 160 索姆。

乙基酒精定为每升 100 索姆（此前为每升 70 索姆）。未来 3 年，消费税每年将增加 20 索姆。

干邑白兰地从每升 52 索姆增加到 70 索姆。2021 年这一数额将为每升 80 索姆，2022 年为每升 90 索姆，2023 年起为每升 100 索姆。

低酒精饮料定为每升 200 索姆（以前是每升 70 索姆）。

（三）关税政策

根据《海关法》，进口到吉尔吉斯斯坦海关领土的货物的海关价值按以下方法确定：①进口货物的交易价值；②相同货物的交易价值；③类似商品的交易价值；④演绎法；⑤计算法；⑥暂定法。

根据吉尔吉斯斯坦海关法规定，关税的税率可以：从价计征，按应税货物海关价值的百分比征收；从量计征，以应税货物的海关价值的一定百分比计征。在规定的应税货物单位规模内征收；或合并税，包括上述两种类型。税率从 0 到 65% 不等。

某些物品免于支付关税，包括：①用于国际客运和货运的运输工具以及过境的物资和技术供应品；②在关境内进口的货物或从关境内进口的外国官方国家代表的公务和个人使用的货物；③吉尔吉斯斯坦对某些货物的进口（和出口）提供优惠税率或豁免，包括来自与吉尔吉斯斯坦形成自由贸易区或关税同盟的国家的货物以及来自发展中国家的货物，这些货物被列入政府提供的特别清单。

吉尔吉斯斯坦实行临时进口制度，根据这一制度，在吉尔吉斯斯坦使用外国货物时，可全部或部分有条件地免缴关税和税款，而且不适用非关税管制措施。临时进口海关制度的期限不得超过两年。

吉尔吉斯斯坦有保税仓库海关制度。根据这一制度,进入吉尔吉斯斯坦的进口货物可以储存在根据吉尔吉斯斯坦海关立法具有海关仓库地位的特殊设施或特殊地区。这一制度意味着免除关税和税收。一般来说,大多数货物都可以放在保税仓库海关制度下。保税仓库的货物储存期限由存入海关仓库的人决定,但自货物被置于保税仓库海关制度下之日起不得超过三年。

吉尔吉斯斯坦再出口制度与国际惯例类似。在这种制度下,以前进口到吉尔吉斯斯坦的货物在出口时无须支付或退还已支付的进口关税和税款,也无须根据吉尔吉斯斯坦法律对货物采取非关税管制措施。

在某些条件下,货物可以再出口。对申报为再出口货物的货物不征收关税和税款。但如果货物不符合再出口标准,则应按货物进口时、申报放行时应支付的数额支付关税和税款,并按国家银行利率支付利息。

二、吉尔吉斯斯坦的所得税政策

(一)吉尔吉斯斯坦的企业所得税政策

根据吉尔吉斯斯坦《税法》,居民实体要对其在世界各地赚取的年收入总额缴纳企业所得税。通过在吉尔吉斯斯坦的常设机构开展业务活动的非居民法律实体,要对该常设机构的活动收入缴纳企业所得税。所得税按年收入总额减去允许的扣除额的10%计算。吉尔吉斯斯坦没有省级或地方所得税。

吉尔吉斯斯坦税收立法中没有明确的居民企业的概念。根据吉尔吉斯斯坦法律成立的法人实体应在吉尔吉斯斯坦就其在全球范围内的收入进行征税,而外国法人实体只需就来源于吉尔吉斯斯坦的收入进行征税。

根据吉尔吉斯斯坦的税法，常设机构是一个永久性的营业场所，非居民通过该场所开展业务，包括通过授权人开展活动。常设机构包括：①任何管理场所、部门、办公室、工厂、车间、采矿、油气井、土地、建筑工地或项目；②非居民通过雇用在吉尔吉斯斯坦境内工作的人员提供的任何服务，在任何连续12个月内超过183个日历日。

对开采和销售金矿石、金精矿、金合金和精炼金的纳税人不征收常规意义的企业所得税，征收专门的所得税税款。该税是根据销售金合金和精炼金的收入或根据世界价格计算的含金矿石和金精矿中的黄金价值，按1%～20%不等的税率计算，到2023年为止，金合金和精炼金的税率为8%～27%（从2023年起，金矿石和金精矿的税率将从11%～30%不等，取决于每金衡盎司黄金的世界价格）。

1. 应纳税所得额

应纳税所得额=收入总额-不征税收入-免税收入-各项扣除-以前年度亏损。

（1）收入确定

年收入总额由各类收入组成，除销售商品、工程或服务的总收入外，还包括但不限于下列收入：股息、利息收入（已缴纳预提税的收入除外）、特许权使用费、免费收到的资产、租金收入、减少负债产生的收入、外汇收益。

税法设定了一些旨在发展商业经济某些领域的所得税优惠。目前对下列组织免征所得税：慈善组织，一类和二类残疾人协会（不同程度身体残疾的残疾人的组织），盲人和聋人协会，农业组织，吉尔吉斯斯坦刑事执行系统的机构，浆果、水果和蔬菜的种植，信用社，从事食品行业不到3年的公司并列入吉尔吉斯斯坦政府的豁免公司名单、租赁公司、学前教育机构，专注于心脏手术的私人医疗机构。

非应税收入主要包括：作为特许资本金收取的财产和组织股份变现的收入；捐赠给根据政府社会文化计划将此类财产用于发展目的的特殊组织的财产。尽管被指定为用于社会文化目的的财产，但此类财产仍可用于其他用途（如市民防工程、矿山设备、取水口、热网、道路、车站）。

吉尔吉斯斯坦税法中没有关于存货计价的特别规定。存货计价是按照《国际财务报告准则》进行的。

资本收益按普通所得税税率征收。参与吉尔吉斯斯坦法人实体的股息红利免征所得税。所有其他的红利都要按普通所得税税率缴纳。利息收入应计入年收入总额，并按标准所得税税率征收，但前提是在吉尔吉斯斯坦尚未在支付源头按10%的税率扣缴。特许权使用费收入应计入年度收入总额，按标准所得税税率征收。

一般来说，吉尔吉斯斯坦法人实体在世界各地赚取的收入都要纳税。国外收入按普通所得税税率征收。

（2）扣除项

税法规定了基于余额递减法的折旧扣除。应计提折旧的固定资产分为几组，折旧率从10%到50%不等。①折旧率为30%：道路上使用的汽车、汽车和拖拉机的设备、专用仪器、杂物及配件；计算机、电话机、周边设备和数据处理设备；②折旧率为25%：客运和货运车辆，例如卡车、客车、特种汽车、挂车；建筑设备；包括铸造业等各工业部门的机器设备；冶炼压制设备；电子及简易设备；农业机械；办公家具；无形资产；③折旧率为20%：未列入其他组别的可折旧固定资产及与之相当的费用；④折旧率为10%：铁路、海河运输车辆、动力机械和设备（热工设备、汽轮机设备、电动机和柴油发电机、输电和通信设施、管道）；⑤折旧率为10%：建筑与构造物；⑥折旧率为50%：纳税人矿床储量地质准备、设计和工程研究工作、取得矿床使用许可证的费用，和旨在进一步开采矿物的采矿资本和采矿前期工作的费用，以及采矿和采矿加工企业投入运营并实际用于矿床勘探的固定资产费用。

部分费用可在规定的范围内扣除，包括修理费、购买和生产资本性资产的费用以及部分其他费用。

创新活动。自2019年7月5日起，在创新活动中发生的费用，特别是包括科学研究、实验开发、设计、勘察等工作，以及技术方案、应用方案包、信息和通信技术的实施工作，在所有证明材料齐备的情况下，可以在企业所得税中进行扣除。

利息支出。对于实际支付的债务利息，如果贷款收入用于支付纳税人经营活动的费用，则允许在税法规定的限制范围内进行扣除。具体取决于债务的性质，如与购买可折旧资产有关的贷款利息，不得扣除，但可以增加其价值。

坏账。在吉尔吉斯斯坦，坏账金额是可以扣除的。税法对"坏账"的定义是：由于法院终止债务，债务人破产、清算或死亡，或吉尔吉斯斯坦民事立法规定的时效期满，纳税人无法受偿的金额。

慈善捐款。向慈善和预算组织捐赠资产的扣除额度仅限于应税收入的10%。

罚款和处罚。向国家预算缴纳的罚款和利息罚金不能扣除。

税金。以下税种可以扣除：土地税、财产税、不允许抵扣的增值税、地下空间使用税。

（3）其他重要项目

一般来说，与赚取年度总收入有关的其他费用可扣除，包括：实际发生并有适当文件证明的出差费用（出差期间的每日津贴只能在规定的法定限额内扣除）；劳务报酬支出的佣金；为职工提供的物质和社会福利；与赚取收入有关的代表费用（交通、酒店和翻译服务）；员工的培训和再培训；科研开发和勘探工作（固定资产的相关扣除）；任何其他与收入有关的费用，并能以适当的文件证明其性质和金额（如发票、付款单、收据）。

其他不可扣除的费用类别包括：资本支出和与购买、生产和安装设备有关的支出；代表任何其他第三方利益发生的任何费用，但有文件证明此类费用的业务需要的情况除外；由利率变化造成的损失，低于市场价格造成的损失，价格优惠造成的定价损失；与购买娱乐、度假、休闲等服务有关的费用。

吉尔吉斯斯坦国内税法没有规定允许在所得税中扣除商誉和开办费用。净经营亏损最多可以结转5年。支付给外国子公司的费用，如果外国联营公司的目的是赚取收入并有文件证明，则可以从应纳税所得额中进行扣除。

2. 税收征管

税法规定，年度所得税合计申报必须在报告年度的下一年3月1日前向税务机关申报。经纳税人申请，税务机关可批准延期申报，延期时间最长为1个月。这种延期并不免除或延长纳税人及时缴纳税款的义务。

税款的缴纳应按以下方式进行：①预缴所得税。纳税人（零税率和免征所得税的纳税人除外）应按季度（从第二季度起）向预算申报并缴纳所得税初定额。所得税初定额的申报期确定为本会计年度的第一季度、上半年、前九个月。报告期的预缴所得税税额应根据吉尔吉斯斯坦会计法规定的规则，按报告期计算的利润的10%确定。报告期应缴纳的预缴所得税税额应确定为报告期计算的预缴所得税税额与上一报告期计算的预缴所得税税额的正差；②所得税的最终支付。应在报告年度的次年3月1日；③由税务代理机构在支付源头扣缴税款。在确认收入的次月20日前。

税务稽查流程。吉尔吉斯斯坦财政部国家税务委员会及其地方税务机关是唯一有权进行税务审计的国家机关。吉尔吉斯斯坦税务部门由吉尔吉斯斯坦财政部税收委员会及其地方当局的相关分支机构组成。

税务稽查是根据国家税务稽查局局长的书面通知进行的，通知中明确了要稽查的公司名称、稽查范围和稽查条件。每年由其中一个税务机关进行的税务稽查不得超过一次，稽查时间不得超过30天（大级别纳税人为50天）。但如有必要，经国家税务稽查局书面批准，税务稽查时间可延长10天。

税务机关重点关注的话题。一般来说，吉尔吉斯斯坦税务机关在税务审计中重点关注对所得税扣除的支持、税收计算的正确性以及预提税问题。近来，税务当局对转让定价问题以及电信公司的销售税和增值税问题越发重视。

（二）吉尔吉斯斯坦的个人所得税政策

作为税收居民的吉尔吉斯斯坦公民应按其全球收入征税。非税收居民的吉尔吉斯斯坦公民和外国公民只对其在吉尔吉斯斯坦来源的收入征税。地方对个人收入无额外的地方税。

任何12个月期间内，在吉尔吉斯斯坦居住183天或以上的个人被视为税收居民。符合上述标准的外国个人可就其居住身份申请双重征税条约保护，条件是他们是与吉尔吉斯斯坦缔结了税务条约的国家的税收居民。

1. 个人收入的类型

就业收入。除少数例外，所有类型的直接和间接收入都包括在应税薪酬中。

吉尔吉斯共和国外交部门雇员、公务员和在吉尔吉斯共和国驻外使团以及吉尔吉斯共和国驻外公共机构或设在国外的国际组织中工作的其他工作人员（吉尔吉斯共和国公民）的工资不用缴纳个人所得税。

此外，税法规定了一定的应税收入（月）门槛。应税基数不应低于计算个人所得税时使用的最低收入。2018年官方规定的最低月薪为1220索姆。

资本收益和投资收益。资本收益按10%的普通所得税税率进行征收。

对于出售股票的利息收入和资本收益，如果在出售之日，股票在证券交易所的正式名单中属于最高和次高的上市类别，则可免征利息收入和资本收益税。

吉尔吉斯共和国居民个人从参与国内公司所获得的红利，以及非居民个人所获得的红利作为利润的一部分享受0的利润税，不需要缴纳个人所得税。

免税收入。吉尔吉斯斯坦税法规定了一份不征税收入清单，其中包括社会保障缴款、强制性养恤金缴款、作为遗产或亲属赠与的财产形式的收入、变现纳税人拥有并用于个人需要的动产和不动产的收入以及其他收入。

内务部和刑事系统的军人和官员的实物津贴收入免征个人所得税。吉尔吉斯斯坦议会代表的资金支付也免征个人所得税。

2. 扣除项

吉尔吉斯斯坦税法允许个人扣除和标准扣除。

个人扣除额：纳税人及其受抚养人的教育费用，但不超过应纳税总收入的10%；抵押贷款的利息支出，但每年不超过23万索姆。只有在向税务机关提交纳税申报表和特别申请表及所有证明文件后，才能享受这些扣除。

标准扣除额：每位雇员享有 650 索姆的标准扣除额；雇员每增加一名受抚养对象，可增加 100 索姆的标准扣除额。

此外，吉尔吉斯斯坦法律还规定对某些社会类别（如退伍军人、具有国家荣誉称号的个人）实行额外扣除。

3. 个人所得税税率

10%的统一税率适用于大多数类型的个人收入。

4. 税收征管及其他

吉尔吉斯斯坦没有净财产税、没有遗产税和赠与税。

对于源泉扣缴的所得税（工资收入），应税期为一个月。对于非源泉扣缴的所得税（工资收入以外的所得税），应税期为一个日历年。

税务代理机构有义务在收入支付月份的次月 20 日前提交源泉扣缴的个人所得税的纳税申报。此外，个人应当在申报年度的次年 4 月 1 日前，提交未实行源泉扣缴的个人所得税（工资薪金所得除外）的纳税申报表。税务代理机构扣缴所得税的时间不晚于收入支付日。税款应在收入缴纳的次月 20 日前缴纳。对于未在源头纳税的收入，一般应在申报年度的次年 4 月 1 日前缴纳所得税。

三、吉尔吉斯斯坦的其他税收政策

工资税。雇主有义务从其雇员的薪酬总额中扣留所得税，并将其转入预算，税率为 10%。

社会保障金。吉尔吉斯斯坦的社会保障制度由养老保险、医疗保险和雇员恢复基金组成。雇主从自己的资金中按雇员工资总额的 17.25% 缴纳社会保险费。雇主还必须从雇员应付给养老基金和国家储蓄基金的工资中扣留 10%的社会缴款。

销售税。对吉尔吉斯斯坦法人实体或外国实体通过在吉尔吉斯斯坦的私营企业经营的任何货物销售或提供服务都要征收销售税。销售税机制与增值税不同，销售税是对整个销售营业额进行征收的，不考虑购买进项营业额。销售税税率以现金结算方式销售应征增值税和免征增值税的货物、工程或服务的：贸易活动1%，其他活动2%。以非现金结算方式销售应征增值税和免征增值税的货物、工程或劳务的：贸易活动1%；其他活动0。如果是销售上述以外的货物、工程或服务：贸易活动2%，其他活动3%，银行2%，移动通信活动5%。

地下空间使用税。地下空间使用税包括对地下用户单独征收的红利税和特许权使用费。根据吉尔吉斯斯坦法律，地下用户是指从事矿产资源勘探或开采的法人和个人，但不包括选择和使用地下水的专门供水组织和选择地下水向居民区供应饮用水的组织，以及从事畜牧业、农作物生产和养鱼业的农村生产者。政府根据矿产资源的类型，确定红利税税率的标准。根据矿产资源的类型，特许权使用费率可以按销售收入的百分比（1%~12%）来估算，也可以按索姆的绝对值来估算。

吉尔吉斯斯坦常见地方税有两种，即财产税和土地税。

财产税是在吉尔吉斯斯坦拥有运输工具和不动产的法人实体按季度缴纳的地方税，包括独栋公寓、公寓、寄宿房、度假旅馆、疗养院、度假村、生产、行政、工业和其他用途的建筑物或设施。根据政府批准的特别清单，某些不动产不需要缴纳此税。对于不动产，税率由城市或地方当局确定，税率不超过应税基数的0.8%，但公寓式住宅和专门用于居住的公寓除外，其税率不得超过应税基数的0.35%。对于运输车辆，根据发动机体积和生产年份决定其税率。

土地税法人实体按拥有的土地面积按季度缴纳土地税。税法规定了基本税率，具体取决于土地的位置和用途。基本税率从每平方米0.9至2.9索姆不等。

四、吉尔吉斯斯坦的涉外税收政策

吉尔吉斯斯坦公司取得境外收入需要在境内缴纳所得税，对境外收入已纳税依税收协定进行抵免，税收协定无约定不得抵免。从非协定国取得收入，不得抵免境外已纳税。吉尔吉斯斯坦无受控外国公司规定。

吉尔吉斯斯坦没有明确的转让定价指南，但税法规定税务机关有权对关联方交易、易货贸易、跨境交易等进行调整。无资本弱化规定。

吉尔吉斯斯坦规定：对非居民支付股利、利息、特许权和版权，预提税税率均为10%。向境外支付保险费和再保险费，预提税税率为5%。境外企业从境内取得服务费的预提税：通信服务和运输服务，预提税税率为5%；管理和咨询服务，预提税税率为10%；其他收入，预提税税率为10%。

截至2022年，吉尔吉斯斯坦已经和32个国家签订了税收协定。在吉尔吉斯斯坦与各国签订的税收协定中，股息预提税税率为0的：阿联酋、沙特阿拉伯、卡塔尔、科威特。持股达到规定比例的情况下，股息预提税税率为5%的有：奥地利、捷克、爱沙尼亚、芬兰、格鲁吉亚、德国、伊朗、韩国、拉脱维亚、立陶宛、马来西亚、摩尔多瓦、瑞士、塔吉克斯坦、乌克兰、英国和乌兹别克斯坦。利息预提税税率为0的国家：阿联酋、沙特阿拉伯、卡塔尔和科威特；利息预提税为5%的：捷克、格鲁吉亚、德国、瑞士、英国、乌兹别克斯坦。特许权使用费的预提税税率为5%的：爱沙尼亚、芬兰、拉脱维亚、卡塔尔、瑞士、阿联酋、英国。

中国与吉尔吉斯斯坦税收协定明确：股息、利息、特许权使用费预提税税率均为10%。分公司税后利润汇回，不征税。无间接抵免，无税收饶让。利息免税规定：中央银行或者完全为政府所有的金融机构取得的利息免税。

第六章

投资中亚独联体国家的税务风险及其防范

第一节 投资中亚独联体国家的税务风险概述

投资中亚独联体国家的税务风险主要来源于五个部分，分别为信息报告风险、纳税申报风险、调查认定风险、税收协定相关风险及其他风险。具体层次如图6-1所示。下面分别对各种风险进行描述①。

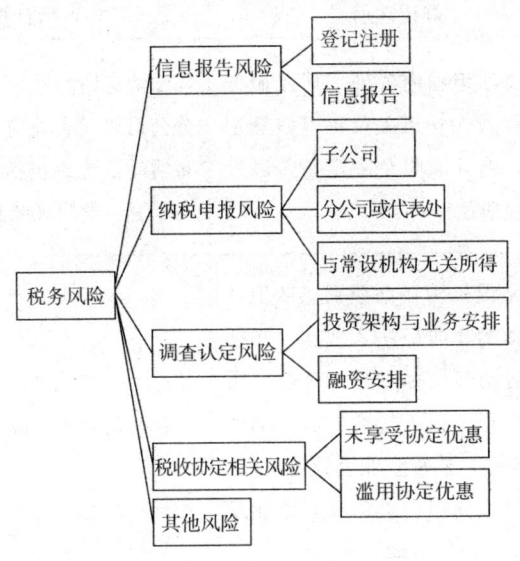

图6-1 税务风险分析框架

---

① 有关税务风险细分风险板块的联系，在第四章第一节已经做了说明，在此不做赘述。

第二节　信息报告风险及防范

外国企业在他国无论是否在当地设有常设机构，都应遵循他国税法等法律法规要求，履行相应登记义务，按规定将有关信息如实报告。若外国企业在他国无意或刻意，逃脱相应登记与信息报告义务，将引发信息报告风险。通常信息报告风险主要来源于两方面：登记注册要求、信息报告要求。表 6-1 归纳了哈萨克斯坦、乌兹别克斯坦、塔吉克斯坦和吉尔吉斯斯坦等国信息报告风险特殊内容。

表 6-1　中亚独联体国家信息报告风险

	登记注册	信息报告
哈萨克斯坦	哈萨克斯坦国内各处"居民服务中心"或主管机关负责审核登记文件，出具证明及决定是否颁发登记注册证。	在哈萨克斯坦从事非商业性活动的分公司或代表处应每年在报刊上公布活动情况，包括注册人信息、资产状况、支出来源及去向等事项。
乌兹别克斯坦	通过常设机构在乌兹别克斯坦从事活动的非居民法人实体，必须自该活动开始之日起 183 个公历日内向税务机关提交注册为纳税人的申请；外资企业登记注册后，还需完成向银行提出开立企业经营所得账户的申请。	未查询到详细资料。

续表

	登记注册	信息报告
塔吉克斯坦	纳税人和扣缴义务人必须在税务机关进行登记。	税务检查过程中,有权发出书面通知要求任意人员在10日内,提交下列信息:特定纳税期内纳税人的收入和支出情况,通知中指明的纳税人所得收入信息,以及与纳税人相关的支出信息;在通知时间内到达指定地点,以对税务机关现有资料进行确认并提交相关文件,或者对该纳税人或其他纳税人的现有纳税信息进行确认。
吉尔吉斯斯坦	设立企业需要在司法部、国家统计委员会、国家税务服务局进行登记注册。	吉尔吉斯斯坦的企业被要求全部开始使用《国际财务报告准则》,按该准则进行账簿设置、财务报告和披露。

中亚独联体国家整体的税务要求不算高,只有个别国家对关联交易申报、受控外国公司信息申报、转让定价和同期文档制定了相关法规,提出了相应要求。表6-2总结了中亚独联体国家对关联交易申报的相关要求。从表中可以看出,塔吉克斯坦和吉尔吉斯斯坦两国对关联交易申报没有相关规定,哈萨克斯坦只是要求在哈萨克斯坦的企业需要在财务报告中披露关联交易。四个中亚独联体国家中,只有乌兹别克斯坦明文规定纳税人需要向税务机关递交关联交易报告。

表 6-2 中亚独联体国家关联交易申报的要求

国家	关联交易申报
哈萨克斯坦	尽管哈萨克斯坦国家会计准则和国际会计准则要求在财务报告中披露关联交易，但目前哈萨克斯坦税收法规中并未要求在报送税务申报表时披露关联方交易。
乌兹别克斯坦	纳税人必须在公历年内将他们进行的关联交易告知税务机关。纳税人向注册地税务机关报送的关联交易报告中应包含关联交易的信息，该报告要在完成关联交易的年度财务报表的截止日期之前提交。
塔吉克斯坦	暂无相关规定。
吉尔吉斯斯坦	暂无相关规定。

表6-3归纳了中亚独联体国家的税法是否有受控外国公司条款及其相应的受控外国公司报告义务。哈萨克斯坦和乌兹别克斯坦有受控外国公司法律条文（但乌兹别克斯坦的受控外国公司法律尚未正式实施），但仅有哈萨克斯坦明确了在哈萨克斯坦的居民纳税人对其受控外国公司具有向税务机关及时报告的义务。塔吉克斯坦和吉尔吉斯斯坦两国税法中无受控外国公司的规定，也没有受控外国公司报告义务。

表 6-3 中亚独联体国家对受控外国公司的报告要求

国家	受控外国公司法规	受控外国企业报告义务
哈萨克斯坦	√	居民纳税人应当在取得受控外国企业25%以上股份后的60日内，向税务机关就其对受控外国企业参股的相关信息，送达一份标准格式的通知。
乌兹别克斯坦	2022年1月1日起实行。	尚未明确提及。
塔吉克斯坦	×	×
吉尔吉斯斯坦	×	×

表6-4总结了中亚独联体国家税法对转让定价、预约定价安排及同期资料的重要规定。哈萨克斯坦在此方面建立了健全的税收法律制度，对转让定价及预约定价安排、同期资料提出了明确的要求。值得注意的是，哈萨克斯坦虽然有预约定价安排，但由于当地税务机关通常只认可官方或经官方认证的信息，因此，企业与税务机关达成预约定价安排的可能性很小。在哈萨克斯坦经营的中国企业，如有关联交易和转让定价行为，应遵守独立交易的原则，同时将同期资料备存，尽可能避免违反哈萨克斯坦的税收法律规章。乌兹别克斯坦对转让定价和预约定价安排已有相应的法律条文，但尚未对同期资料提出更细致的要求，仅是有可能要求在乌兹别克斯坦经营企业提供转让定价相关资料。塔吉克斯坦和吉尔吉斯斯坦两国税法中对与关联交易、转让定价相关的行为规范是一片空白。

表6-4 中亚独联体国家关于转让定价、同期资料及预约定价安排的规定

国家	转让定价	同期资料 国别报告	同期资料 主体文档	同期资料 本地文档	其他重要要求	预约定价安排
哈萨克斯坦	√	√	√	√	针对纳税人名单中前300位的大规模纳税人，哈萨克斯坦当局要求符合条件的纳税人执行新的转让定价同期资料要求，即需要递交主体文档、本地文档与国别报告。	从法规角度看，预约定价安排理论上存在执行的可能。但实际上只有为数不多的几个案例被哈萨克斯坦当地税务机关批准实施预约定价安排。这是由于哈萨克斯坦税务机关通常只认可经官方认证的信息。

续表

国家	转让定价	同期资料 国别报告	同期资料 主体文档	同期资料 本地文档	其他重要要求	预约定价安排
乌兹别克斯坦	√	×	×	×	在乌兹别克斯坦国家税务委员会规定转让定价中的税收控制要求下，纳税人需要向乌兹别克斯坦国家税务委员会提供相关文件，文件应为一组文件或单个文件。	属于大型纳税人类别的乌兹别克斯坦企业有权向乌兹别克斯坦国家税务委员会提出关于缔结预约定价协议的声明，可以为同一对象的一项或多项交易订立定价协议，协议自签订起3年有效。
塔吉克斯坦	×	×	×	×	无	无
吉尔吉斯斯坦	×	×	×	×	无	无

通过表6-2至表6-4归纳的信息不难发现，塔吉克斯坦和吉尔吉斯斯坦两国在关联交易、转让定价、同期资料和受控外国公司信息申报方面无相关规定，税法管控十分松散。而哈萨克斯坦和乌兹别克斯坦与之相反，已初步建立了相应的税收法律要求，也要求当地经营者提交相应的信息报告。但有一点需要注意，塔吉克斯坦和吉尔吉斯斯坦两国税法虽然没有对关联交易等信息的申报提出要求，但不等同于当地税务机关不会对跨国企业通过关联交易、受控跨国公司进行税务筹划的行为进行检查和处罚。税收具有强制性，各国税务机关也具有相应的强制执行力，因此面对当地法律存在的模糊地带，投资中亚独联体国家的企业应该聘请熟悉当地行政体系、税收法律法规的律师、

税务代理人，对企业经营进行规范化指导，避免触及"黑箱子"，引来额外的税收处罚。

第三节 纳税申报风险及防范

纳税申报风险可依据纳税申报公司类型细分为子公司纳税申报风险、分公司纳税申报风险以及与常设机构无关所得的纳税申报风险。表6-5总结了哈萨克斯坦、乌兹别克斯坦、塔吉克斯坦和吉尔吉斯斯坦等中亚独联体国家纳税申报风险的特殊要点。

表6-5 中亚独联体国家纳税申报风险

	子公司	分公司或代表处	与常设机构无关所得
哈萨克斯坦	中国企业在哈萨克斯坦设立子公司，应考虑当地的税收优惠适用性及将款项汇出时产生的预提所得税的影响（如股息、利息及特许权使用费等），并进行纳税申报。	非居民在哈萨克斯坦设立的常设机构与哈萨克斯坦税收居民适用相同的行政类规定；需要注意，通过分支机构在哈萨克斯坦开展经营活动的纳税人也属于哈萨克斯坦的增值税纳税人。	未设有常设机构的非居民需要就来源于哈萨克斯坦境内的所得征收预提所得税。

续表

	子公司	分公司或代表处	与常设机构无关所得
乌兹别克斯坦	子公司纳税人编制税务报表时，应对税务报表中资料的真实性负责，并应依照税法规定的程序和期限提交给所属税务机关。如果纳税人未在税法规定的期限内提交税务报表，每逾期一天，税务机关则按规定期限内未缴纳的应缴税额及附加费（如有）的1%处以罚款，但不超过应纳税额的10%。	非居民企业通过其在乌兹别克斯坦的常设机构取得的收入应就其常设机构来源于乌兹别克斯坦的所得缴纳企业所得税。	非居民企业应就其从乌兹别克斯坦取得且与常设机构业务无关的所得按规定申报缴纳预提税，若未按规定申报缴纳预提税，将处以未缴税款20%的罚款。
塔吉克斯坦	纳税申报表中未注明或错误注明纳税人识别号、纳税期、税种和税金，以及纳税申报表提交日期，则视为纳税申报表未提交给税务机关。	是在塔吉克斯坦开展活动的外国法人，在其常设机构企业所得税基础上，还应按15%的税率对其常设机构的纯利润补充征税。	非居民企业应就其从塔吉克斯坦产生且与常设机构业务无关的所得按规定申报缴纳预提所得税。

续表

	子公司	分公司或代表处	与常设机构无关所得
吉尔吉斯斯坦	中国企业在吉尔吉斯斯坦设立子公司，应考虑当地的税收优惠适用性及将款项汇出时产生的预提所得税的影响。	中国企业在吉尔吉斯斯坦设立代表处或海外分公司，可能会被视为在吉尔吉斯斯坦构成常设机构或被视为该国税收居民企业，进而产生企业所得税、个人所得税及流转税等。同时，分公司利润汇回中国时也需要考虑预提所得税的影响。	注意是否构成常设机构。一旦构成常设机构，应注意划分来源于常设机构的所得和与常设机构无关的所得。

中国企业在他国设立子公司，应考虑当地的税收优惠适用性及将款项汇出时产生的预提所得税的影响，并应充分考虑退出阶段可能面临的风险。子公司清算退出时，应充分考虑他国国内法的规定，以及相应的税务成本与风险，包括资本利得税、当地流转税等税种的计算、申报和缴纳等。同时须关注所在国是否有资本管制。

中国企业在他国设立代表处或海外分公司，可能会被视为在他国构成常设机构或被视为税收居民企业。若中国企业的分公司或代表处被认定为在当地构成了常设机构，则需就常设机构所得缴纳当地利润税。若涉及人员派遣，则海外投资的中国企业还应结合两国的税收协定及相关税收法规，从派遣人员在当地的工作性质、驻留天数等方面，分析评估构成常设机构的风险。若派遣安排使得中国总公司在当地构成常设机构，则应注意派遣到当地的员工也可能需要在当地缴纳个人所得税。因此，海外投资的中国企业需要了解在他国可能构成常设机构的风险,进一步考虑因构成常设机构而产生的利润税、个人所得税及流转税等税务影响,在纳税申报时须引起重视。同时,某些国家分公司利润汇回中国时也需要考虑纳税申报时包含预提所得税,否则将面临被处罚的风险。

一般来说,只有中国企业通过其设在他国的常设机构进行营业时,他国才有权对中国企业的营业利润征税。因此,海外投资的中国企业应特别关注税收协定中构成常设机构的条件。通常,非居民企业如果构成常设机构,则需就其来源于该常设机构的收入缴纳所得税。而非居民取得与常设机构无关的收入,需要缴纳预提所得税。因此,如果中国企业在他国构成常设机构,应注意划分来源于常设机构的所得和与常设机构无关的所得,否则,易造成纳税申报风险。

表6-6对中国与中亚独联体四国税收协定中常设机构的分类和界定标准进行了汇总。中亚四国对场所型、工程型和代理型常设机构的判定在标准上高度一致,在劳务型常设机构的时间判定标准上存在一定差异:中国与乌兹别克斯坦的税收协定中未对劳务型常设机构做出明确定义;中国与哈萨克斯坦和吉尔吉斯斯坦在劳务型常设机构的时间判断标准上,以12个月为界;而中国与塔吉克斯坦在劳务型常设机构的时间判断标准上,以183天为限。

此外,中亚四国在与中国的税收协定中,均规定了常设机构例外的情形。在例外情形中,具有共性的例外情形主要有:专为储存、陈列或者交付本企业货物、商品的目的而使用的设施;专为储存、陈列或者交付目的而保存本企业货物、商品的库存;专为另一企业加工的目的而保存本企业货物、商品的库存;专为本企业采购货物或者商品,或者搜集情报的目的所设的固定营业场所;专为本企业进行任何其他准备性或者辅助性活动的目的所设的固定营业场所;专为上述活动的结合目的所设的固定营业场所,且这种结合使该固定营业场所全部活动属于准备性质或辅助性质。如果中国企业在中亚国家出现上述情况,则不被认为是常设机构。

表6-6 中亚独联体国家常设机构分类及认定标准

	场所型	工程型	劳务型	代理型
哈萨克斯坦	主要有管理场所、分支机构、办事处、工厂、作业场所、矿场、油井或气井、采石场或者其他开采自然资源的场所。	建筑工地,建筑、装配或安装工程,或者与其有关的监督管理活动场所,但该工地、工程或管理活动必须连续12个月以上。	企业通过雇员或者雇用的其他人员在该国为同一个项目或有关项目提供的劳务,包括咨询劳务,提供劳务时间累计须超过12个月。	当一个人在缔约国一方代表缔约国另一方的企业进行活动,有权并经常行使这种权力以该企业的名义签订合同,这个人为该企业进行的任何活动,应认为该企业在该缔约国一方设有常设机构。
乌兹别克斯坦	企业进行全部或部分营业的固定营业场所,包括:管理场所、分支机构、办事处、工厂、作业场所、矿场、油井或气井、采石场或者任何其他勘探、开采和开发自然资源的场所。列举并非是穷尽的,不影响对其他场所按照"企业进行全部或部分营业的固定营业场所"概括性规定的定义进行常设机构的判定。	工程型常设机构是指建筑工地,建筑、装配或安装工程,或者与其有关的监督管理活动,但仅以该工地、工程或活动连续12个月以上为限。	未提及。	非独立代理人在乌兹别克斯坦代表中国的企业进行活动,有权以该企业的名义签订合同并经常行使这种权力,应认为该企业在乌兹别克斯坦设有常设机构,反之亦然。

续表

	场所型	工程型	劳务型	代理型
塔吉克斯坦	协议一方的居民企业在协议另一方进行全部或者部分营业的固定营业场所。包括：管理场所、分支机构、办事处、工厂、作业场所、矿场、油井或气井、采石场或者其他开采自然资源的场所。	工程型常设机构包括建筑工地，建筑、装配或安装工程，或者与其有关的监督管理活动，但仅以该工地、工程或活动连续 12 个月以上的为限。	劳务型常设机构是指企业通过雇员或雇用的其他人员在另一国提供劳务，包括咨询劳务，但仅以该性质的活动（为同一项目或相关联的项目）在任何 12 个月中连续或累计超过 183 天的为限。	如果代理人具有以被代理人名义与第三人签订合同的权力，并经常行使这种权力，则代理人应构成被代理人在来源国的常设机构。
吉尔吉斯斯坦	主要有管理场所、分支机构、办事处工厂、作业场所、矿场、油井或气井、采石场或者其他开采自然资源的场所等。	建筑工地，建筑、装配或安装工程，或者与其有关的监督管理活动，但仅以该工地、工程或活动连续 12 个月以上的为限。	中吉一方企业通过雇员或者雇佣的其他人员，在另一方为同一个项目或相关联的项目提供的劳务，包括咨询劳务，仅以连续或累计超过 12 个月的为限。	一个人在一国代表另一国的企业进行活动，有权并经常行使这种权力以该企业的名义签订合同，这个人为该企业进行的任何活动，应认为该企业在该国设有常设机构。

第四节　调查认定风险及防范

调查认定风险通常来自投资架构与业务安排、融资安排等事项。企业避税行为多会涉及上述事项安排，而这些事项又与资本弱化规定、受控外国公司规定、转让定价规定紧密相关。表6-7分别对中亚4国按照投资框架业务安排、融资安排两部分，结合各国受控外国公司、转让定价和资本弱化等相关规定进行了归纳总结。

表6-7 中亚独联体国家调查认定风险

	投资架构与业务安排	融资安排
哈萨克斯坦	有受控外国公司规定、有转让定价规定。哈萨克斯坦当局对采矿业（特别是石油和天然气的开采）与金融业等行业加以严格的转让定价控制。转让定价调查或者监测过程中，税务机关认为转让价格不符合公平交易原则，要求交易方交转让定价文档，如规定期限内无法提供资料，将按照公允价格对交易价格进行调整；在受控外国公司持有股份的哈萨克斯坦居民，须将在该受控外国公司的相应持股比例的利润纳入合并年收入中。	有资本弱化规定，根据哈萨克斯坦转让定价规则，若关联企业之间存在利息支出，在一般企业的债资比不超过4:1（金融机构不超过7:1）的情况下，支付的利息费用才可税前扣除（还需符合其他利息扣除的条件）。
乌兹别克斯坦	有受控外国公司规定、有转让定价规定。如果关联方之间的商业和财务交易所采用的价格与非关联方之间采用的不同，那么税务当局将根据非关联方之间的价格定价。	有资本弱化规定，超过规定比例部分利息不得抵扣。

续表

	投资架构与业务安排	融资安排
塔吉克斯坦	没有转让定价规定，无受控外国公司规定，但税法规定税务机关有权对关联方交易、易货贸易、跨境交易等进行调整。	塔吉克斯坦暂未出台完整的转让定价指引，但税法中已明确赋予税务机关对不合理定价交易的调查和重新定价权。因此，建议在塔吉克斯坦进行跨国经营的中国企业，应科学合规地制定转让定价方案，必要时可与当地税务机关进行提前沟通确认。
吉尔吉斯斯坦	无受控外国公司规定，无转让定价规定，但税务机关有权对关联方交易、易货贸易、跨境交易等进行调整。	无资本弱化规定，但税法明确赋予税务机关对不合理定价交易的调查和重新定价权。因此，建议在吉尔吉斯斯坦设立的子公司，在每一纳税年度结束后，及时准备好转让定价相关材料，以备吉尔吉斯斯坦税务机关检查。

企业取得跨国所得，会涉及跨国所得在不同税收管辖权国家间的分配问题。目前各国税务当局都非常关注跨国公司转让定价、融资安排的税收管理，在这方面国际共识是：跨国公司内部交易定价应遵循独立交易原则，对企业内部的融资安排设有资本弱化规定，如果违背这些规定而减少某国税收权益，该国税务当局就有权进行调查调整，被调查调整的企业不仅面临较高的补税甚至罚款风险，税收信誉度也会有所损失。因此，企业应遵循各国转让定价和资本弱化规则，具体可以从以下六个

方面进行：(1) 树立国际税收意识，特别是在转让定价税收处理方面应遵循独立交易原则这一国际惯例，这是降低调查认定税务风险和损失的根本所在；(2) 提前向投资国税务当局咨询或通过其他有效途径咨询，以详细了解并把握投资所在国转让定价、资本弱化相关规定，从而做到在申报、资料准备等方面遵循该国相关规定；(3) 如果企业被列为转让定价或融资安排的调查对象，应积极配合投资国税务当局的调查，提供充分的资料和举证，最大限度地争取投资国税务当局的认可；(4) 如果企业被投资国税务当局进行了转让定价或融资安排相关的调查调整，应按照该国与中国签署的《避免双重征税协定》的规定，及时向投资国税务当局和中国税务机关提起转让定价征税或融资安排的双边磋商，以通过双边税收磋商规避对企业的双重征税；(5) 在投资国有预约定价规则的前提下，可考虑申请单边或双边预约定价安排，与投资国税务当局或中国税务机关事前约定相应的关联交易定价原则和方法，免除事后被调查调整的风险；(6) 当遭遇到投资国税务当局不公正的税收待遇及纠纷时，应积极主动地寻求中国税务机关的支持和帮助，以使中国税务机关能及时支持和帮助其解决境外企业面临的转让定价税务争议及纠纷。

第五节 税收协定相关风险税务及防范

税收协定风险可以细分为两类，一类是由于对协定和当地税法不了解，导致企业未享受税收协定优惠的风险。另一类是由于企业钻空子，滥用税收协定或利用当地税法和协定中规定不明确的地方，侵害他国税收主权导致的风险。

一、未享受税收协定优惠风险

进行海外投资企业对税收协定重要性认识不足，忽视税收协定对自身合法权益的维护，可能存在多缴税款的税收风险。中国境外所得税抵免政策明确对未依据税收协定而多缴的境外所得税不得进行税收抵免。因此，符合条件的海外投资企业应积极在投资国申请享受税收协定待遇，维护企业自身权益和国家税收权益。具体而言，未享受税收协定优惠主要存在以下三种情形：

（一）未开具《中国税收居民身份证明》导致不能享受税收协定待遇的风险①

税收协定不受国内税收法律变动的影响，稳定性强，有利于降低海外投资企业在东道国的税负和税收风险，避免双重征税，降低企业税负。《中国税收居民身份证明》是到国外投资的中国企业享受中国与投资目的地国家所签署的税收协定的前提，但是企业往往由于各种原因而未开具《中国税收居民身份证明》。企业对税收协定的存在缺乏了解，或对税收协定相关条款和税收协定的作用缺乏了解以及对自身境外业务能否享受税收协定判断不清，都是导致其未向国内税务机关申请取得《中国税收居民身份证明》的原因。企业应当全面了解和掌握中国开具《中国税收居民身份证明》的流程与要求，在有意向开展境外投资业务时，及时做好享受税收协定方面的准备工作。

（二）企业未享受税收协定待遇，存在多缴税款的风险

企业到海外投资，可以依据中国与该国协定享受协定待遇，在预提

---

① 《中国税收居民身份证明》的具体要求，请见《关于开具〈中国税收居民身份证明〉有关事项的公告》（国家税务总局公告〔2016〕40号）。

所得税方面享受优惠税率。但如果企业对协定具体内容不熟悉，境外财务或税务人员在申报纳税时也未正确适用协定优惠税率，则可能导致企业在境外多缴税款。

表6-8是对中亚独联体国家分公司预提税税率和当地子公司消极所得预提税税率的汇总。根据目前中亚独联体国家国内税法的规定，中国与四国的税收协定对汇回中国的股息等消极所得征收的预提税税率均不高于中亚各国国内税法规定的税率。中亚独联体国家中，只有哈萨克斯坦会对汇回中国的分公司利润扣税，而其余国家有的是国内税法对分公司汇回利润不征税，有的是与中国协定免税，实质上均不对分公司利润征收预提税。

表6-8 中亚独联体国家分公司利润汇回与消极所得协定预提税税率

国家	分公司利润汇回	股息/%	利息/%	特许权使用费/%
哈萨克斯坦	协定5%	10	10	10
乌兹别克斯坦	协定免税	10	10	10
塔吉克斯坦	协定免税	5或10	8	8
吉尔吉斯斯坦	不征税	10	10	10

（三）享受协定待遇受阻的风险

企业在海外可能会遇到当地税务机关给出不予享受协定待遇的决定，或者遇到其他阻碍。此时企业可选择向中国税务机关寻求帮助，申请启动相互协商程序，维护自身合法权益。

为了避免与税收协定相关的风险，海外投资企业一方面要保证在中国的税收居民符合中国与该国税收协定规定的受益所有人资格，防止享受税收协定不当的风险；另一方面，应主动开具中国税收居民身份证明，并准备相应的受益所有人证明材料，主动申请享受税收协定待遇。

二、滥用税收协定风险

滥用国际税收协定主要是指非协定缔约国的居民通过在税收协定缔约国设立中间公司等做法，获取其本不应享有的税收协定中的税收优惠的行为。在实践中，滥用国际税收协定的具体方式一般为三种：建立直接导管公司（Direct Conduit Company）；脚踏石导管公司（Stepping Stone Conduit Company）；企业重组。为避免税收协定滥用，各国在税收协定中往往引入反避税条款，如"受益所有人规定"和"目的测试"，企业也要避免滥用税收协定而导致税收风险。进行境外投资的企业，尤其是采取间接投资构架的企业，在享受间接投资构架的税收利益的同时，也可能会被否定"受益所有人"资格，被认定为滥用税收协定，从而被税务机关不予批准享受税收协定规定的税收待遇，按照合理的方法进行纳税调整等，这对企业来讲是巨大的税务风险。

现将哈萨克斯坦、乌兹别克斯坦、塔吉克斯坦和吉尔吉斯斯坦等中亚独联体国家的税收协定相关风险的要点进行总结，如表6-9所示。

表6-9 中亚独联体国家与税收协定相关风险

	未享受协定优惠	滥用协定优惠
哈萨克斯坦	需要提供所在国的税收居民身份证明，并申请采用协定税率。	在哈萨克斯坦投资的中方企业如果存在通过代理人或分销商销售货物、成立分支机构或办事处以及在当地承包工程作业、提供劳务等情形，很可能会被认定为哈萨克斯坦的常设机构。一旦被认定为通过常设机构在哈萨克斯坦开展经营业务，则需要按照对方国家的税法规定申报纳税。

续表

	未享受协定优惠	滥用协定优惠
乌兹别克斯坦	开具《中国税收居民身份证明》。	须满足具有商业实质的业务安排。
塔吉克斯坦	需要税收居民身份证明。	中塔税收协定的第五条规定了常设机构的定义，并采用了正列举和反列举的方式详细阐明了如何判定是否构成了常设机构。一些性质的固定营业场所很可能会被认定为塔吉克斯坦的常设机构。一旦被认定为通过常设机构在塔吉克斯坦开展经营业务，则需要按照对方国家的税法规定申报纳税。
吉尔吉斯斯坦	需要开具《中国税收居民身份证明》。	企业应注意其境外中间层控股公司的成立目的和商业实质。

第六节　其他风险及防范

其他风险主要来源于国际政治波动、他国国内稳定性、国与国文化差异等方面。企业对他国投资，除纯粹的税收因素外，还需要考虑他国的政治经济环境、法律法规的特点、当地文化风俗等因素的影响。这些因素从本质上来说，是比税收因素更宏观，对企业的影响更加巨大，是中国企业进行海外投资时应优先考虑的。

现对哈萨克斯坦、乌兹别克斯坦、塔吉克斯坦和吉尔吉斯斯坦等中亚独联体国家世的政治、文化、法律、风土人情需要注意地方进行总结，如表6-10所示。

表 6-10 中亚独联体国家其他风险

国家	需要注意的要点
哈萨克斯坦	哈萨克斯坦的法律体系虽较为完备但变化较大,法律和规章制度缺乏一定的稳定性,具有较大风险;哈萨克斯坦对外国员工申请劳动许可有严格规定。
乌兹别克斯坦	乌兹别克斯坦计划经济色彩浓厚,在经济生活中较大程度仍保持行政干预手段;法律法规较为完善,但缺乏实施细则;新政策层出不穷,常出现新出台的政策与已有政策相矛盾的问题。
塔吉克斯坦	塔吉克斯坦政府规定,外国企业劳工用工比例为1:9;塔吉克斯坦获取融资的难度和成本较大。
吉尔吉斯斯坦	政治局面长期处于不稳定状态;贪污腐败和执法不严的问题也一直存在。

第七章

税务筹划及其税务风险案例

一、案例背景

某大型国有企业从事跨国经营业务,主要在独联体国家从事石油业务。欲在俄罗斯、白俄罗斯和哈萨克斯坦建立全资子公司。各子公司均符合下列条件:母公司对子公司实施100%控股;子公司向母公司(或向中国境内银行)借款支付10%利息在子公司所在国家税法接受范围;子公司成立后不存在其他关联债务,只发生与母公司的关联债务;子公司在东道国产生的税后利润全部分配给母公司。各子公司项目所需要资金均为2亿欧元。各国资本弱化规定如下:俄罗斯3:1,白俄罗斯1:1,哈萨克斯坦4:1。假设各国子公司息税前利润均为1亿欧元。

俄罗斯联邦所得税税率3%,地方所得税税率17%。俄罗斯国内法规定:股利预提税税率15%,利息和特许权使用费预提税税率均为20%。俄罗斯与中国协定:直接持股25%以上且不少于8万欧元的情况下,股息预提税税率5%,否则为10%。利息预提税税率5%,特许权使用费预提税税率6%。持股20%以上时可以间接抵免,无税收饶让。俄罗斯与各国家签订的税收协定中,满足一定条件,股息预提税税率为0的:科威特、马来西亚、马其他、沙特阿拉伯、新加坡、瑞士和阿联酋；满足一定条件，股息预提税税率为5%的：阿尔及利亚、亚美尼亚、澳大利亚、奥地利、博茨瓦纳、智利、中国、克罗地亚、古巴、塞浦路斯、厄瓜多尔、芬兰、法国、德国、希腊、冰岛、伊朗、意大利、日本、韩国、科威特、拉脱维亚、立陶宛、卢森堡、马耳他、黑山、摩洛哥、纳米比亚、荷兰、卡塔尔、沙特阿拉伯、塞尔维亚、新加坡、西班牙、瑞典、瑞士、塔吉克斯坦、乌克兰、美国。利息预提税税率为0的：奥地利、中国、塞浦路斯、捷克、丹麦、厄瓜多尔、芬兰、法国、德国、匈牙利、冰岛、爱尔兰、日本、朝鲜、韩国、科威特、卢森堡、摩尔多瓦、荷兰、新加坡、斯洛伐克、瑞典、瑞士、阿拉伯联合酋长国、英国、美国。

白俄罗斯公司所得税税率为18%。白俄罗斯国内法规定：股息预提税税率12%，利息预提税税率10%，特许权使用费预提税税率15%。白俄罗斯与中国协定：股息、利息和特许权使用费预提税税率均为10%。持股10%以上时可以间接抵免，无税收饶让。在白俄罗斯与各国签订的税收协定中，满足一定条件，股息预提税税率为0的：科威特、爱尔兰、荷兰、新加坡、瑞典、阿联酋；满足一定条件，股息预提税税率为5%的：奥地利、巴林、比利时、克罗地亚、塞浦路斯、捷克、厄瓜多尔、芬兰、德国、匈牙利、爱尔兰、意大利、韩国、科威特、老挝、黑山、荷兰、北马其顿、阿曼、卡塔尔、沙特阿拉伯、塞尔维亚、斯洛文尼亚、南非、瑞士、瑞典、阿联酋、英国、委内瑞拉。利息预提税税率为0的：丹麦、美国、西班牙3个国家；利息预提税税率为5%的：奥地利、巴林、塞浦路斯、捷克、芬兰、德国、格鲁吉亚、匈牙利、伊朗、爱尔兰、科威特、黎巴嫩、荷兰、阿曼、卡塔尔、沙特阿拉伯、新加坡、斯洛文尼亚、瑞典、阿联酋、英国、委内瑞拉。

哈萨克斯坦公司所得税税率为20%，哈萨克斯坦对地下资源开采业征收超额利润税税率10%。哈萨克斯坦国内法规定：股息、利息和特许权使用费预提税税率均为15%。哈萨克斯坦与中国协定：股息、利息、特许权使用费预提税税率均为10%。无间接抵免，无税收饶让。在哈萨克斯坦与各国签订的税收协定中，满足持股比例或投资金额要求，股息预提税税率为0的：科威特、荷兰、瑞士和比利时。满足持股比例或投资金额等要求，股息预提税税率为5%的：奥地利、比利时、加拿大、克罗地亚、塞浦路斯、爱沙尼亚、芬兰、法国、德国、匈牙利、伊朗、爱尔兰、意大利、日本、韩国、拉脱维亚、立陶宛、卢森堡、马其顿、荷兰、挪威、卡塔尔、沙特阿拉伯、新加坡、斯洛文尼亚、西班牙、瑞典、瑞士、乌克兰、阿联酋、英国、美国、越南、埃及和科威特。除与科威特和瑞士的税收协定规定满足特定条件的利息预提税税率为0%外，哈萨克斯坦与其他国家签订的协定中利息的预提税税率均为10%及以上。

二、案例问题

（1）在不进行税务筹划情况下，即由中国境内母公司直接持有俄罗斯、白俄罗斯和哈萨克斯坦公司股份，计算各公司最终税负。

（2）在运用资本弱化规则进行税务筹划情况下，由中国境内母公司直接持有俄罗斯、白俄罗斯和哈萨克斯坦公司股份，计算各公司应借款多少？境外税负降低多少？并说明原因。

（3）在运用资本弱化规则进行税务筹划的基础上，通过股权架构设计，由中国境内母公司间接持有俄罗斯、白俄罗斯和哈萨克斯坦公司股份，中间控股公司注册地应选择哪个国家？计算各公司境外最终税负，并说明原因。

(4) 在运用资本弱化规则和股权架构设计的基础上，对借款来源进行选择，应从集团内哪些国家的公司借款？计算各公司境外税负又能降低多少？并说明原因。

三、税务筹划分析

(1) 在不进行税务筹划情况下，即由中国境内母公司直接持有俄罗斯、白俄罗斯和哈萨克斯坦公司股份，计算各公司在中国境外最终税负。

不进行税务筹划，不仅意味着由中国母公司直接持股，还意味着各项目所需要的全部资金均由中国母公司注资，没有借款。

表 7-1 不进行税务筹划下的税负

单位：万欧元

	俄罗斯	白俄罗斯	哈萨克斯坦
从母公司借款	0	0	0
注册资本	20000	20000	20000
息税前利润	10000	10000	10000
利息支出（10%）	0	0	0
应税所得额	10000	10000	10000
缴纳所得税	（20%）2000	（18%）1800	（30%）3000
母公司获得股息	8000	8200	7000
股息预提税	（5%）400	（10%）820	（10%）700
母公司股利现金收入	7600	7380	6300
境外纳税总额	2400	2620	3700
境外纳税占息税前利润比例	24%	26%	37%

(2) 在运用资本弱化规则进行税务筹划情况下，由中国境内母公司直接持有俄罗斯、白俄罗斯和哈萨克斯坦公司股份，计算各公司应借款多少？境外税负降低多少？并说明原因。

运用资本弱化规则进行税务筹划，就是按照各国要求的债务权益比例，将项目所需资金一部分由中国母公司注资，另一部分从中国母公司、集团内其他子公司、集团内财务公司、中国境内银行借款。这里假设从中国母公司借款并在东道国金融管理机构备案，按照10%的利率支付利息，各国均允许税前扣除。

资本弱化比例：俄罗斯3∶1，白俄罗斯1∶1，哈萨克斯坦4∶1，故项目所需资金中，俄罗斯公司允许借款15000万欧元，白俄罗斯公司允许借款10000万欧元，哈萨克斯坦公司允许借款16000万欧元。

表7-2 资本结构税务筹划下的税负

单位：万欧元

	俄罗斯	白俄罗斯	哈萨克斯坦
从母公司借款	15000	10000	16000
注册资本	5000	10000	4000
息税前利润	10000	10000	10000
利息支出（10%）	1500	1000	1600
应纳税所得额	8500	9000	8400
缴纳所得税	（20%）1700	（18%）1620	（30%）2520
母公司获得股息	6800	7380	5880
股息缴纳预提税	（5%）340	（10%）738	（10%）588
母公司股息净额	6460	6642	5292
利息缴纳预提税	（5%）75	（10%）100	（10%）160
母公司利息净额	1425	900	1440

续表

	俄罗斯	白俄罗斯	哈萨克斯坦
母公司现金收入	7885	7542	6732
境外纳税总额	2115	2458	3268
境外纳税占息税前利润比	21.15%	24.58%	32.68%
境外税负降低百分点	2.85%	1.62%	4.32%

通过运用资本弱化规则，母公司可以以借款的形式投入大部分项目资金。因借款利息能够税前扣除，因而减少了公司所得税纳税额，进而境外税负分别降低了2.85个百分点、1.62个百分点和4.32个百分点。从上述三个国家向中国境内支付股息和利息，其预提税相同，但所得税纳税额却不同。因此，海外项目所需资金，应该在资本弱化规则允许的情况下，少投资，多借款。但若超过债务权益比例，各国均规定支付的利息视同股利，不仅不能再税前扣除，还需要按照其国内法规定的预提税税率征收预提税，即超额利息不能享受协定税率。这样就会造成所得税没有少缴纳，还加重了预提税负担，这就是税务风险。

（3）在运用资本弱化规则进行税务筹划的基础上，通过股权架构设计，由中国境内母公司间接持有俄罗斯、白俄罗斯和哈萨克斯坦公司股份，中间控股公司注册地应选择哪个国家？计算各公司境外税负进一步降低多少？并说明原因。

中间控股公司选择所在地应满足条件：向中国境内汇回股息不征收预提税；与俄罗斯、白俄罗斯和哈萨克斯坦协定股息预提税税率为0，或者低于这三个国家与中国协定的股息预提税；对境外取得的股利不征收公司所得税。根据各国签订的税收协定，满足条件的控股俄罗斯的公司所在地应为新加坡；满足条件的控股白俄罗斯的公司所在地应为荷兰和新加坡；满足条件的控股哈萨克斯坦的公司所在地应为荷兰。假设中国母公司100%控股中间控股公司，中间控股公司100%控股俄罗斯、白俄罗斯和哈萨克斯坦子公司。并且，中间控股公司收到股息后30日内全额分配给中国母公司。

表7-3 股权架构设计下的税负

单位：万欧元

		俄罗斯	白俄罗斯	哈萨克斯坦
从母公司借款		15000	10000	16000
注册资本		5000	10000	4000
息税前利润		10000	10000	10000
利息支出（10%）		1500	1000	1600
应税所得额		8500	9000	8400
缴纳所得税		（20%）1700	（18%）1620	（30%）2520
中间控股公司所在地		新加坡	荷兰/新加坡	荷兰
中间控股公司	分得股息	6800	7380	5880
	股息缴纳预提税	（0）0	（0）0	（0）0
	股息缴纳所得税	0	0	0
中间控股公司股息净所得		6800	7380	5880
中国母公司	获得股息	6800	7380	5880
	股息预提税	（0）0	（0）0	（0）0
	股息净额	6800	7380	5880
母公司利息缴纳预提税		（5%）75	（10%）100	（10%）160
母公司利息净额		1425	900	1440
中国母公司现金收入		8225	8280	7320
境外纳税总额		1775	1720	2680
境外纳税占息税前利润比例		17.75%	17.2%	26.8%
境外税负降低百分点		3.40%	7.38%	5.88%

199

由表 7-3 计算可知，通过股权架构设计，即通过间接持股，免除了股息预提税。税负降低金额就是分配股息原应纳税金额占息税前利润的百分比，即没有股权架构设计时的股息预提税 340 万欧元、738 万欧元、588 万欧元分别占 10000 万欧元的百分比，故税负分别降低了 3.40%、7.38%、5.88%。这里股权架构设计的税务风险在于：中间控股公司是否被认定为双边税收协定的受益所有人。只有被认定为受益所有人的情况下，才能分别享受俄罗斯同新加坡协定的 0 税率，白俄罗斯同荷兰或新加坡协定的 0 税率，哈萨克斯坦同荷兰协定的 0 税率。这就要求中间控股公司不能是空壳公司，要有经济实力，要有人员、有场地、有经营活动。

（4）在运用资本弱化规则和股权架构设计的基础上，对借款来源进行选择，应从集团内哪些国家的公司借款？计算各公司境外税负又能降低多少？并说明原因。

借款来源公司所在地应满足条件：向中国境内汇回利息不征收预提税；与俄罗斯、白俄罗斯和哈萨克斯坦协定利息预提税税率为 0，或者低于这三个国家与中国协定的利息预提税。根据各国签订的税收协定，满足条件的俄罗斯公司借款来源地有瑞士、德国、卢森堡、荷兰、芬兰、瑞典、奥地利、法国、丹麦、匈牙利、爱尔兰和英国等国家；满足条件的白俄罗斯公司借款来源地有英国和丹麦；哈萨克斯坦公司没有满足条件的借款来源地，其借款来源最好的选择是完全为中国政府所有的金融机构，因为中国与哈萨克斯坦协定完全为中国政府所有的金融机构取得的利息免税。

上述适合作为借款来源地的国家中，英国只适合设立财务公司，因为英国对外支付股息免征预提税，对外支付利息征收预提税。荷兰既适合设立财务公司，也适合设立控股公司。荷兰对外支付利息不征收预提税，对税收协定国支付股利，实行参股免税，即持股5%以上，持股期1年以上时对外支付股利免征预提税。荷兰对持股5%以上，通过税法测试（收入至少10%为经营性收入）和资产测试（子公司的资产50%以上用于经营活动）的荷兰母公司持股获得的股利和股权利得，无需缴纳荷兰公司所得税。卢森堡及其他国家对外支付利息均不征收预提税，故只适合于转贷业务。

表7-4　债权来源选择下的税负

单位：万欧元

		俄罗斯		白俄罗斯	
从母公司借款		15000		10000	
注册资本		5000		10000	
息税前利润		10000		10000	
利息支出（10%）		1500		1000	
应税所得额		8500		9000	
缴纳所得税		（20%）1700		（18%）1620	
中间控股公司所在地		新加坡		荷兰/新加坡	
中间控股公司股息净所得		6800		7380	
中国母公司股息净额		6800		7380	
借款来源公司所在地		荷兰财务公司		丹麦公司转贷	英国财务公司
贷款公司	获得利息	1500		1000	
	利息预提税	0		0	
	利息所得税	0	（25%）375	0	（19%）190
母公司利息缴纳预提税		（0）0	0	（0）0	（0）0
母公司利息净额		1500	1125	1000	810
中国母公司现金收入		8300	7925	8380	8190

201

续表

借款来源公司所在地	荷兰 财务公司	丹麦公司 转贷	英国 财务公司
海外纳税总额	1700	2075	1620	1810
纳税占息税前利润比	17%	20.75%	16.2%	18.1%
海外税负降低百分点	0.75%	-3.00%	1.00%	-0.90%

由表7-4计算可知，借款来源选择转贷形式，即母公司签订借款合同借款给中间公司（丹麦公司），中间公司再签订借款合同借款给俄罗斯或白俄罗斯项目公司，这种转贷形式进一步降低税负分别为0.75个百分点和1个百分点；借款来源选择由集团内财务公司借款给项目公司，即由荷兰财务公司借款给俄罗斯公司，英国财务公司借款给白俄罗斯项目公司。此时，由于财务公司获得境外的利息收入属于营业收入，需要征收公司所得税，致使这种筹划方式的境外税负没有降低，反而分别增加了3个百分点和0.9个百分点。

借款来源选择的转贷方式，虽然进一步降低了税负，但有很大的税务风险。各国执行BEPS行动计划，都对这种背对背贷款享受税收协定的低税率进行限制，项目国俄罗斯和白俄罗斯有可能判定这种情况下不能享受协定的零税率。借款来源选择由集团内财务公司提供，则不会有这种财务风险。

(5) 在中国年终企业所得税汇算后的最终税负分析

表 7-5　年终企业所得税汇算后的最终税负分析

单位：万欧元

借款来源			俄罗斯		白俄罗斯		哈萨克斯坦
			转贷	财务公司	转贷	财务公司	中国母公司
中国母公司现金收入			8300	7925	8380	8190	7320
海外纳税总额			1700	2075	1620	1810	2680
纳税占息税前利润比			17.00%	20.75%	16.20%	18.10%	26.80%
息税前利润总额			10000		10000		10000
按中国税法应纳税			2500		2500		2500
分国别汇算补税			800	425	880	690	
不分国别汇算	应纳税总额		7500				
	境外纳税总额	转贷	6000（1700+1620+2680）				
		财务公司	6565（2075+1810+2680）				
	应向中国支付补税	转贷	1500（7500-6000）				
		财务公司	935（7500-6565）				

由表7-5计算可知，俄罗斯公司和白俄罗斯公司均需要补税。哈萨克斯坦公司在境外已纳税2680万欧元，大于中国税法应纳税2500万欧元，在中国无需再纳税。在境外多缴纳的税款180万欧元，可以5年内用哈萨克斯坦所得应纳中国税款中补扣。

分国别应在中国补缴税款共计为：转贷情况下1680（800+880）万欧元，财务公司情况下1150（425+690）万欧元，分别都大于不分国别应向中国支付补缴的税款935万欧元。所以，年终境外所得汇总清算，应选择不分国别对企业有利。在有多个国家投资所得的海外投资企业，在有些国家的境外所得已纳税小于应纳税，回国需要补税；在有些国家的境外所得已纳税大于应纳税，不能退税。选择不分国别的综合汇算，这两项相抵，最后补税最少。

四、税务风险分析

上述税务筹划中存在的税务风险主要体现在以下三个方面：

第一，运用资本弱化规则要适度。超过债务权益比例的负债融资，不仅不能减轻税负，而且会增加权益税负。要防范利息纳税，调整增加税负的风险，一定要按照东道国的要求，将境外借款在东道国管理机关按时办理备案手续。否则，即使符合债务权益比例，也不能税前扣除。

第二，股权架构的搭建要提前做好准备。一般来说，在项目谈签后才在架构地设立中间控股公司控股项目公司，存在被认为以避税为目的的架构，有不允许享受税收协定低税率的风险。此外，中间控股公司要符合实质经营条件，要有人员、场地和经营活动，这是最低要求。有些国家还有其他要求，如收入与规模匹配，最终受益人（股东）是税收协定国居民等。

第三，借款来源选择，背对背借款的风险大，很多双边税收协定不认可，不允许在税前扣除利息。财务公司的税务风险小，因为财务公司在所在地国家负有全面纳税义务，缴纳了增值税和所得税。而背对背借款却没有缴纳所在地国家的所得税。最终汇算清缴时税负相当，都基本上是中国境内税负。有人可能会认为，筹划了半天，企业的利益在哪里呢？其实，企业的利益在于货币的时间价值。没有税务筹划的情况下，当期就需要缴纳所得税，进行税务筹划后，利益汇回中国境内才需要补税。此外，若企业将利润长期存放在中间控股公司（所在地设立大于12.5%的公司），则长期不需缴纳中国的所得税。

在某种程度上，税务筹划也是一种爱国的体现！不进行税务筹划，企业把税收缴纳给项目所在国了，进行税务筹划，最终汇回中国补税，把税款交给中国税务机关，这就是爱国的体现。海外投资的中国企业，应争取项目所在国的税收优惠。双边税收协定中有税收饶让时，这部分优惠落入企业的口袋，双边税收协定没有税收饶让时，回中国补税，为国家的发展积累资金。

参考资料

[1] 王素荣. 海外投资税务筹划 [M]. 北京：机械工业出版社，2018.

[2] 普华网站，http://www.pwc.com.

Wordwide Tax Summaries Corporate Taxes 2018/19.

Wordwide Tax Summaries Corporate Taxes 2019/20.

[3] 安永网站，http://www.ey.com.

Wordwide Corporate Taxes 2019.

Wordwide Corporate Taxes 2020.

[4] 德勤网站，http://www2.deloitte.com.

Wordwide tax guide 2018-2019.

Wordwide tax guide 2019-2020.

[5] 鹏歌富达网站，www.pkf.com.

Wordwide tax guide 2018-2019.

Wordwide tax guide 2019-2020.

[6] OECD BEPS 行动信息网站，https://www.oecd.org/tax/beps/.

[7] 国家税务总局，http://www.chinatax.gov.cn/.

[8] 国家税务总局. 中国居民赴俄罗斯投资税收指南

[9] 国家税务总局. 中国居民赴乌克兰投资税收指南

[10] 国家税务总局. 中国居民赴白俄罗斯投资税收指南

[11] 国家税务总局. 中国居民赴格鲁吉亚投资税收指南

[12] 国家税务总局. 中国居民赴阿塞拜疆投资税收指南

[13] 国家税务总局. 中国居民赴亚美尼亚共和国投资税收指南

[14] 国家税务总局. 中国居民赴摩尔多瓦共和国投资税收指南

[15] 国家税务总局. 中国居民赴哈萨克斯坦投资税收指南

[16] 国家税务总局. 中国居民赴乌兹别克斯坦投资税收指南

[17] 国家税务总局. 中国居民赴土库曼斯坦投资税收指南

[18] 国家税务总局. 中国居民赴塔吉克斯坦投资税收指南

[19] 国家税务总局. 中国居民赴吉尔吉斯斯坦投资税收指南

[20] 2019年中国对外直接投资统计公报

[21] 中华人民共和国商务部. "走出去"公共服务平台, http://fec.mofcom.gov.cn/.

[22] 中华人民共和国驻俄罗斯联邦大使馆经济商务处, http://ru.mofcom.gov.cn/.

[23] 中华人民共和国驻乌克兰大使馆经济商务处, http://ua.mofcom.gov.cn/.

[24] 中华人民共和国驻白俄罗斯共和国大使馆经济商务处, http://by.mofcom.gov.cn/.

[25] 中华人民共和国驻格鲁吉亚大使馆经济商务处, http://ge.mofcom.gov.cn/.

[26] 中华人民共和国驻阿塞拜疆共和国大使馆经济商务处, http://az.mofcom.gov.cn/.

[27] 中华人民共和国驻亚美尼亚共和国大使馆经济商务处, ht-

tp：//am.mofcom.gov.cn/.

[28] 中华人民共和国驻摩尔多瓦共和国大使馆经济商务处，http：//md.mofcom.gov.cn/.

[29] 中华人民共和国驻哈萨克斯坦共和国大使馆经济商务处，http：//kz.mofcom.gov.cn/.

[30] 中华人民共和国驻乌兹别克斯坦共和国大使馆经济商务处，http：//uz.mofcom.gov.cn/.

[31] 中华人民共和国驻土库曼斯坦大使馆经济商务处，http：//tm.mofcom.gov.cn/.

[32] 中华人民共和国驻塔吉克斯坦共和国大使馆经济商务处，http：//tj.mofcom.gov.cn/.

[33] 中华人民共和国驻吉尔吉斯共和国大使馆经济商务处，http：//kg.mofcom.gov.cn/.